Ursula Summm

Meine neue trennkost Tabelle

Ein Wort zuvor

Ein Leben im Einklang mit der Natur fördert unsere Gesundheit und damit unser Wohlbefinden. Dies erkannte in den 20er Jahren auch Dr. Hay, nachdem er viele Jahre das Leben unterschiedlicher Naturvölker studiert hatte. Die nach ihm benannte Haysche Trennkost ist Grundlage dieses Buches.

Das Prinzip: Eiweißreiche Lebensmittel wie Fleisch, Fisch und Eier werden nicht zusammen mit kohlenhydratreichen Produkten wie Brot, Kartoffeln, Reis oder Nudeln gegessen, sondern jeweils nur mit neutralen Nahrungsmitteln wie kaltgepressten Ölen, gesäuerten Milchprodukten, Gemüse oder Salat kombiniert.

In diesem Buch finden Sie Basisinformationen über die Trennkost, Wissenwertes über die verschiedenen Nahrungsmittel und Tipps, wie man sie trennkostgerecht kombiniert. Eine ausführliche Nahrungsmitteltabelle zeigt Ihnen auf einen Blick zu welcher Gruppe ein Lebensmittel gehört. Und auch auf den Restaurantbesuch müssen Sie nicht verzichten. Was Sie dabei jedoch beachten sollten, finden Sie ebenfalls in Form von detaillierten Tabellen.

Damit dies für Sie ganz einfach ist, gibt es einen Trennplan. Eine Codierung in Form farbiger Kästchen hilft zusätzlich bei der schnellen Orientierung. Grün ■ steht für neutrale, Gelb ■ für eiweißreiche und Orange ■ für kohlenhydratreiche Nahrungsmittel.

Wer sich für diese Ernährungsform entscheidet, kann nicht nur seine Gewichtsprobleme in den Griff bekommen, er beugt damit auch vielen ernährungsbedingten Zivilisationskrankheiten vor.

In diesem Sinne wünsche ich Ihnen viel Spaß bei der Lektüre dieses Buches und viel Erfolg beim Trennen, das wirklich kinderleicht ist.

Inhalt

Das Prinzip der Trennkost

Das Prinzip des Trennens wurde in den 20er Jahren von Dr. Hay entwickelt. In Studien endeckte der damals schwerkranke Arzt, dass Menschen, die sich harmonisch im Säuren-Basen-Gleichgewicht ernähren, gesünder und vitaler waren als entsprechende Vergleichsgruppen. Zivilisationskrankheiten wie Übergewicht, Bluthochdruck und ähnliches waren hier eher die Ausnahme.

Gleichzeitig entdeckt Dr. Hay für sich, dass die getrennte Aufnahme von Eiweiß und Kohlenhydraten für die Verdauung günstiger ist. Er teilte die Nahrungsmittel daher in drei Gruppen ein:

- **eiweißreiche Nahrungsmittel,**
- **kohlenhydratreiche Nahrungsmittel** und
- **neutrale Nahrungsmittel.**

Nahrungsmittel, die einen besonders hohen Anteil an Eiweiß haben, wie zum Beispiel Fleisch und Fisch, zählen daher zur Eiweißgruppe. Lebensmittel, die einen hohen Kohlenhydratanteil aufweisen, wie beispielsweise Vollkornprodukte und Trockenfrüchte, gehören zur Kohlenhydratgruppe und Nahrungsmittel, die leichter verdaulich sind und weder die Eiweiß- noch die Kohlenhydratverdauung stören, wie zum Beispiel Gemüse, Salate, Kräuter, gesäuerte Milchprodukte, Nüsse und Samen, zählen zur neutralen Gruppe.

Die Vorteile des Trennens

Wer sich entsprechend den Hayschen Trennkostregeln ernährt, kann nicht nur langfristig sein Gewicht reduzieren, sondern auch vielen ernährungsbedingten Krankheiten vorbeugen. Denn die Trennkost basiert auch auf einer vollwertigen Ernährung und einem ausgeglichenem Säure-Basen-Haushalt. Der Stoffwechsel wird auf Trab gebracht, die Verdauung angeregt und ein auf und ab des Blutzuckerspiegels verhindert.

Beim Trennen nach Dr. Hay wird der Anteil an Vollkornprodukten (komplexen Kohlenhydraten und Ballaststoffen), Obst und Gemüse (Vitaminen, Mineralstoffen und Ballaststoffen) erhöht, während der Anteil an fett- und eiweißhaltigen Nahrungsmitteln reduziert wird.

Kohlenhydrate kontra Insulin

Trennkostgerechte, vollwertige und ballaststoffreiche Nahrungsmittel wie Vollkornbrot, Naturreis, Müsli, Vollkornnudeln sowie Obst, Gemüse und Salat lassen den Blutzuckerspiegel nur langsam ansteigen, weil die in ihnen enthaltenen Kohlenhydrate nur langsam ab- und umgebaut werden.

Kohlenhydrate aus Zucker, Süßigkeiten und verarbeiteten Lebensmitteln gehen hingegen schnell ins Blut über und verursachen einen raschen Anstieg und Abfall des Blutzuckerspiegels, da die Bauchspeicheldrüse (Pankreas) vermehrt Insulin ausscheidet. Insulin sorgt dafür, dass der Zucker so schnell wie möglich in die Zellen abtransportiert wird und der Blutzuckerspiegel rasch absinkt. Die Folge: Sie fühlen sich schlapp, unkonzentriert und bekommen plötzlich einen Heißhunger auf etwas Süßes. Unbewusst greifen Sie jetzt erneut zu Naschereien und eine endlose Spirale beginnt. Die Insulinproduktion wird wieder angeregt, der Zucker in die Zellen abtransportiert und nach kurzer Zeit haben Sie erneut Heißhunger auf Süßigkeiten.

Deshalb ist es auch unmöglich mit einseitigen Diäten auf Dauer abzunehmen. Im Gegenteil, es erfolgt der so genannte Jojo-Effekt. Nach jeder Diät nehmen Sie langsam aber sicher wieder zu, und zwar mehr als vorher. Mit jeder weiteren Diät verstärkt sich dieser Effekt. Nur eine bewusste Ernährungsumstellung, wie sie mit der Trennkost möglich ist, führt daher auf Dauer zum Wohlfühlgewicht.

Was sind Ballaststoffe?

Ballaststoffe sind Pflanzenfasern, die von unseren Verdauungsenzymen nicht aufgeschlossen werden. Man bezeichnet Sie daher auch als unverdauliche Kohlenhydrate. Einige können allerdings im Dickdarm durch Mikroorganismen abgebaut werden. Ballaststoffe haben eine sättigende und verdauungsfördernde Wirkung, denn sie regen die Darmbewegung (Peristaltik) an. Besonders viel Ballaststoffe enthalten Vollkornprodukte, die noch alle Bestandteile des Getreidekorns enthalten. Aber auch Obst (besonders Trockenfrüchte), Gemüse, Salate, Hülsenfrüchte und Nüsse liefern wertvolle Ballaststoffe. Allerdings sollte man Nüsse, Trockenfrüchte und Hülsenfrüchte nur in geringen Mengen essen, da sie sehr kalorienreich beziehungsweise letztgenannte zudem schwer verdaulich sind.

Glukagon macht schlank

Der Gegenspieler von Insulin ist das Glukagon. Sobald der Blutzuckerspiegel unter einen bestimmten Wert fällt, produziert die Bauchspeicheldrüse Glukagon. Es signalisiert der Leber, den Blutzuckerspiegel wieder zu erhöhen. Dafür muss Fett, das den Fettzellen entzogen wird, in Zucker umgewandelt werden. Das Ergebnis: Sie verlieren also bei der Trennkost Körperfett und nicht nur Wasser wie bei vielen einseitigen Diäten.

So funktioniert die Verdauung

Eine der wesentlichsten Erkenntnisse von Dr. Hay war die getrennte Aufnahme von Eiweiß und Kohlenhydraten, die er mit der unterschiedlichen Verdauung dieser Nährstoffe begründete. Was passiert also bei der Verdauung?

Generell müssen die mit der Nahrung aufgenommenen Nährstoffe so aufgespalten werden, dass unser Körper sie verarbeiten kann. Eiweiß, Kohlenhydrate und Fette werden dafür in Einzelbausteine zerlegt. Erst dann kann sie der Körper zum Aufbau eigner Substanzen verwenden. Einfacher ist die Aufnahme von Vitaminen und Mineralstoffen, denn sie müssen im Gegensatz zu den Hauptnährstoffen nicht ab- und umgebaut werden.

Die eigentliche Verdauung beginnt im Mund durch gründliches Kauen und Einspeicheln des Essens. Im Speichel ist das kohlenhydratspaltende Enzym Amylase enthalten. Es sorgt dafür, dass Kohlenhydrate in der Nahrung vorverdaut werden. Durch Schlucken gelangt der Speisebrei durch die Speiseröhre in den Magen. Dort wirken Salzsäure, das eiweißspaltende Enzym Pepsin und in geringen Mengen das fettspaltende Enzym Lipase auf den Speisebrei ein. Amylase kann jedoch die Kohlenhydrate nicht vollständig spal-

ten, denn der Hauptverdauungsort für die Kohlenhydrate ist der Dünndarm. Der teilweise verdaute Speisebrei gelangt durch den Magenpförtner in den Zwölffingerdarm. Dort wirkt der alkalische (basische) Saft der Bauchspeicheldrüse neutralisierend auf den Verdauungsbrei und sorgt dadurch für den vollständigen Abbau.
Die Eiweißverdauung beginnt dagegen im Magen. Sie wird im Dünndarm durch Enzyme der Bauchspeicheldrüse und durch dünndarmeigene Enzyme vollendet. Die meisten Nährstoffe werden von der Schleimhaut des Dünndarms aufgesogen und weiterverwertet. Die Fette hingegen werden über die Lymphgefäße, Eiweißbausteine und Zucker über die Blutgefäße transportiert.

Die Säure-Basen-Balance

Dr. Hay erkannte bereits in den 20er Jahren die Gefahren einer Säure bildenden Ernährung. Denn nur wenn in den Körperflüssigkeiten und im Inneren der Körperzellen ein Gleichgewicht zwischen Säuren und Basen besteht, können alle Stoffwechselvorgänge störungsfrei ablaufen. Blut, Lungen und Nieren tragen dazu bei, dass dieses Gleichgewicht hergestellt wird. Eine Schlüsselrolle spielt dabei auch die Zusammensetzung der Nahrung. Über sie steuern wir die Zufuhr von Säure und Basen bildenden Nahrungsmitteln.
Vitamin- und mineralstoffreiche Lebensmittel mit einem hohen Anteil an Enzymen hinterlassen nach dem Verdauungsvorgang ein basisches Endprodukt. Eiweiß und Kohlenhydrate hingegen verstärken die Säurebildung. Durch tierisches Eiweiß wird zudem mehr Salzsäure gebildet als durch pflanzliches.
Werden laut Hay Eiweiße und Kohlenhydrate gleichzeitig mit der Nahrung zugeführt, blockieren sich Säuren und Basen bei der Verdauung, da die Verdauungsenzyme beider Nährstoffe einen unterschiedlichen Verdauungsgrad haben und der Verdauungsvorgang unterschiedlich lange dauert. Die Folge: Der Körper übersäuert.
Daher sollten Sie bei der Trennkost auch auf das richtige Verhältnis von Säure und Basen bildender Nahrung achten. Die einfache Faustregel dafür lautet: 80 Prozent basische und neutrale Lebens-

mittel und maximal 20 Prozent Säurelieferanten. Dies bedeutet in der Trennkostpraxis, 100 g Fleisch oder Fisch mit 400 g Gemüse oder Salat zu kombinieren. In dieser Kombination erhöht sich auch der Anteil an Vitalstoffen, wie zum Beispiel Vitaminen und Mineralstoffen, sowie Fatburnern in der Ernährung. Zusätzlich fördern sie das Wohlbefinden.

Säure bildende Nahrungsmittel:

- Fleisch und Wurstwaren
- Geflügel und Wild
- Fisch und Meeresfrüchte
- Eier, Butter, Käse und Quark
- Getreide, Brot und Brötchen*
- polierter Reis*
- Nudeln*
- Hülsenfrüchte
- raffinierter Zucker
- Trockenfrüchte und Süßwaren
- gehärtete Pflanzenfette und raffinierte Öle
- Walnüsse, Erdnüsse und Haselnüsse
- Limonaden, Kaffee, schwarzer Tee, Kakao, alkoholische Getränke

* Vollkornprodukte und Naturreis sind schwächer Säure bildend

Basen bildende Nahrungsmittel:

- Gemüse (außer Rosenkohl und Wirsing)
- Kartoffeln
- Pilze, Keimlinge und Sprossen
- Blattsalate
- frische Kräuter (außer Kresse)
- reifes Obst
- Honig und Birnendicksaft
- Mandeln und Paranüsse
- Mineralwasser ohne Kohlensäure, Früchtetees, frisch gepresste Obst- und Gemüsesäfte

Vitalstoffe machen fit

Basen bildende Nahrungsmittel liefern auch jede Menge Vitalstoffe wie Vitamine, Mineralstoffe und Spurenelemente. Sie beeinflussen die Stoffwechselvorgänge im Körper. Unser Körper kann Vitamine nicht oder nur in geringem Maße herstellen, deshalb müssen wir sie mit der Nahrung zu uns nehmen.

Vitamine haben vor allem steuernde Funktionen oder wirken als Katalysatoren, das heißt, sie lösen biochemische Reaktionen aus beziehungsweise beschleunigen sie. So werden beispielsweise zum Abbau von Fettzellen neben Hormonen und Biostoffen auch ganz bestimmte Vitamine und Mineralstoffe benötigt. Mit ihrer Hilfe werden die Fettmoleküle aus den Fettzellen in die Muskelzellen transportiert, denn erst dort erfolgt die eigentliche Fettverbrennung.

Es ist daher ganz wichtig abwechslungsreich zu essen. Denn jedes Vitamin und jeder Mineralstoff hat sozusagen sein eigenes Aufgabengebiet und funktioniert häufig nur in Wechselwirkung mit anderen Vitalstoffen. Ein Beispiel dafür ist die antioxidative Wirkung von Vitaminen und Spurenelemten.

Die so genannten freien Radikale werden durch bestimmte Vitamine unschädlich gemacht. Sie begegnen uns täglich in Form von Umweltgiften, Genussmitteln und UV-Strahlen und können Krebs verursachen. Während Beta-Carotin die Zellen von außen schützt, wehrt Vitamin E, unterstützt von Selen, freie Radikale an der Zellwand ab. Letztendlich setzt sie Vitamin C ganz außer Gefecht.

Fatburner unterstützen das Abnehmen

Wer zu eiweißreichen Gerichten wie Fleisch oder Fisch statt Kartoffeln oder Brot eine große Portion Gemüse oder Salat isst, unterstützt den Hormonhaushalt und damit auch den Abbau von Fett. Nicht nur Glukagon, sondern auch bestimmte Hormone wirken in Zusammenarbeit mit bestimmten Eiweißbausteinen (Aminosäuren) und speziellen Vitaminen als so genannte Fatburner.

Das Wachstumshormon arbeitet, während wir schlafen. Es zieht Fettmoleküle aus den Fettzellen ab und sorgt dafür, dass unser

Gewebe, die Zellen und die Muskeln ständig erneuert werden – und dabei wird Energie (Fett) verbraucht. Deshalb wiegen wir auch morgens weniger als abends.
Angeregt wird das Wachstumshormon von den Aminosäuren Arginin und Lysin. Beide sind vor allem in Haferflocken, Milchprodukten, Eiern und Geflügel enthalten. Damit das Wachstumshormon seine Wirkung voll entfalten kann, benötigt es außerdem noch Vitamin C und Vitamin B_6. Reichlich Vitamin C und Vitamin B_6 (Folsäure) liefern beispielsweise Brokkoli und Paprikaschoten.

Diese Nahrungsmittel fördern den Fettabbau:

- frisches Gemüse und Rohkost
- Blattsalate
- Pilze, Keimlinge und Sprossen
- Kräuter und Wildkräuter
- magere Milchfrischprodukte und magerer Käse
- reifes Obst
- mageres Fleisch, Wild, Geflügel und Wildgeflügel
- frischer Seefisch sowie Krusten- und Schalentiere
- frisch gepresste Obst- und Gemüsesäfte

Trennen und Gewichtsverluste

Wer sich nach den Hayschen Trennkostregeln ernährt, verliert in der Regel an Gewicht. Denn durch den hohen Anteil an Basen bildenden Nahrungsmitteln werden die Säuredepots und schwer löslichen Salze (Schlacken), die sich im Fett- und Bindegewebe angesammelt haben, abgebaut und ausgeschieden.
Dies erklärt allerdings auch, warum Personen, die sich bisher bereits bewusst ernährt und viel frisches Obst, Gemüse und Vollkornprodukte gegessen, aber nicht nach Kohlenhydraten und Eiweiß getrennt haben, weniger abnehmen als »normale« Esser. Nach der Phase des Säureüberschussabbaus pendelt sich das Gewicht wieder ein. Untergewichtige nehmen auf diese Weise zu, Übergewichtige weiter ab.

Wichtig!

Beachten Sie immer folgende 9 Grundregeln der Trennkost:

- Orientieren Sie sich beim Zusammenstellen der Mahlzeiten nicht nur an der Trenntabelle, sondern auch am saisonalen Angebot. So erhalten Sie alle Vitamine und Mineralstoffe, die sie in dieser Jahreszeit tatsächlich verstärkt benötigen.
- Achten Sie darauf, dass die Nahrungsmittel möglichst frisch und naturbelassen sind.
- Wählen Sie möglichst nährstoffschonende Garmethoden beim Zubereiten der warmen Mahlzeiten.
- Kombinieren Sie nie Nahrungsmittel aus der Eiweiß- und Kohlenhydratgruppe miteinander.
- Ergänzen Sie kohlenhydratreiche Nahrungsmittel mit neutralen und wählen Sie zu eiweißreichen Lebensmitteln ebenfalls nur Produkte aus der neutralen Gruppe.
- Kombinieren Sie für neutrale Mahlzeiten nur Lebensmittel aus der neutralen Gruppe.
- Trinken Sie täglich 2–3 Liter Flüssigkeit, am besten Mineralwasser ohne Kohlensäure oder Früchte- und Kräutertees.
- Schränken Sie den Konsum von schwarzem Tee und Kaffee ein.
- Verzichten Sie weit gehend auf Alkohol. Wenn doch Alkohol: Zu kohlenhydratreichen Mahlzeiten sollten Sie nur Bier, zu eiweißreichen nur Wein trinken, möglichst in Maßen.

Die Trennkostpraxis

Wenn Sie noch keine Erfahrungen mit der Trennkost haben, sollten Sie sich zuerst mit dem Trennplan ab Seite 25 vertraut machen und auf jeden Fall vier Wochen konsequent trennen. Denn bei der Trennkost nach Dr. Hay handelt es sich nicht um eine normale Diät. Ihr Körper benötigt diese Zeit, um sich an die Ernährungsumstellung zu gewöhnen. Wer jahrelang zu eiweißreich und damit übersäuert gelebt hat, kann nicht erwarten, dass sein Körper sofort auf die Umstellung reagiert und den Säureüberschuss in kürzester Zeit abbaut. Wer bereits trennkostgerecht gegessen hat, weiß, dass es kein Problem ist, jederzeit wieder mit dem Trennen anzufangen. Ganz wichtig: Betrachten Sie die Trennkost jedoch nie als reine »Diät« zum Abnehmen. Wer trennt, sollte sich auch bewusst im Rhythmus der Jahreszeiten ernähren und naturbelassene Produkte wählen, um seinen Körper mit den Vitaminen, Mineralstoffen und Spurenelementen zu versorgen, die er auch tatsächlich benötigt.

Das Frühstück

Nur wenige Menschen nehmen sich Zeit und Muße, um ausgiebig zu frühstücken, dabei ist gerade diese Mahlzeit wichtig für einen guten Start in den Tag. Ihren individuellen Frühstücksgewohnheiten sind dabei, natürlich außer dem Trennen, keine Grenzen gesetzt. Sie können zwischen einer kohlenhydratreichen, einer eiweißreichen oder einer neutralen Mahlzeit wählen, zum Beispiel:

- Vollkornbrot mit Butter und rohem Schinken oder Allgäuer Emmentaler. Dazu 1 Tomate oder 1 Stück Salatgurke mit Salz und Pfeffer gewürzt.
- Vollkornhaferflocken mit zerkleinerten Trockenfrüchten oder Banane, Naturjoghurt und Honig.
- Rührei mit Kräutern. Dazu in Butter geschwenkte Kirschtomaten mit Salz und Pfeffer gewürzt.
- Frische Früchte der Saison, außer in Kombination mit Bananen, mürben Äpfeln, Datteln oder Feigen.

Getränke: entkoffeinierter Kaffee oder Früchtetee

Wer zu den so genannten Frühstücksmuffeln zählt, sollte am frühen Vormittag ein belegtes Vollkornbrötchen oder 1 Stück Obst essen. So verhindern Sie, dass Ihr Blutzuckerspiegel zu sehr absinkt. Dies kann zu Schwindelgefühlen und Konzentrationsschwächen führen. Trinken Sie vor dem Frühstück ein großes Glas Mineralwasser ohne Kohlensäure und zwingen Sie sich, im Stundentakt ein weiteres Glas Mineralwasser oder ungesüßten Früchte- oder Kräutertee zu trinken. Schlacken, die entstehenden Abbauprodukte bei einem Säureüberschuss, werden dadurch besser abtransportiert.

Die Mittagsmahlzeit

Mittags dürfen Sie eiweiß- oder kohlenhydratreich essen. Nehmen Sie sich eine entsprechende Mahlzeit von zu Hause mit oder stellen Sie sich, wenn möglich, eine eiweiß- oder kohlenhydratreiche Mahlzeit in der Kantine zusammen, beispielsweise:

- Gemüse mit Käsesauce
- Gemischter Salat mit Feta
- Tomaten mit Mozzarella und Basilikum
- Gedünsteter Fisch mit 1 Portion Gemüse oder Salat
- Tafelspitz mit Wurzelgemüse und Meerrettich
- Gegrilltes Steak mit 1 Portion Salat
- Rinderbraten mit 1 Portion Salat oder Gemüse
- Gegrilltes Hähnchen mit 1 Portion Salat, ohne Haut
- Puten-Cordon-bleu mit 1 Portion Salat, Panade entfernen
- Blumenkohl oder Brokkoli mit Käse überbacken
- Quarkspeise mit Beerenobst
- Folienkartoffeln mit Kräuterquark
- Vollkornnudeln mit Gemüsesauce
- Naturreis mit Gemüse
- Kartoffelgratin mit 1 Portion Salat
- Kartoffelrösti mit Räucherlachs
- Kartoffelgnocchi mit 1 Portion Salat
- Kartoffelpuffer mit Apfelmus
- Apfelstrudel mit Sahne

Getränke: Mineralwasser ohne Kohlensäure oder frischen Früchte- und Kräutertee

Das Abendessen

Abends sollten Sie auf eiweißreiche Gerichte verzichten. Denn Eiweiß wird vom Körper generell langsamer und komplizierter ab- und umgebaut als Kohlenhydrate. Stellen Sie sich ein nicht zu üppiges Essen aus der Kohlenhydratgruppe und der neutralen Gruppe zusammen. Und essen Sie nicht zu spät, damit Ihr Körper nachts nicht nur mit verdauen beschäftigt ist. Folgende Gerichte bieten sich an:

- Pellkartoffeln mit Kräuter-Radieschen-Quark. Dazu 1 Portion gemischter Salat.
- Vollkornnudeln mit Pesto und Parmesanspänen. Dazu 1 Portion gemischter Salat.
- Vollkornnudelsalat mit Gemüse, Fontinastreifen und Joghurt-Dressing mit frischen Kräutern.
- Kartoffelsalat mit Räucherlachs und Joghurtdressing mit frischem Dill.
- Zucchini mit Reis-Kräuter-Füllung und Wörishofener Käse überbacken.
- Geschmorte Paprikaschoten mit Reis-Kräuter-Füllung oder Reis-Pilz-Füllung.
- Geröstetes Vollkornbrot mit Pilz-Kräuter-Gemüse. Dazu 1 Portion gemischter Salat.

Getränke: Mineralwasser ohne Kohlensäure oder frischer Früchte- und Kräutertee

Desserts und Zwischenmahlzeiten

Als Faustregel für Desserts gilt: Nach einer eiweißreichen Mahlzeit dürfen Sie Früchte aus der Eiweißgruppe essen. Wer mag, kann sie auch unter Quark oder Joghurt rühren und mit ein paar gehackten Nüssen verfeinern. Nach einer kohlenhydratreichen Mahlzeit bieten sich Früchte aus der Kohlenhydratgruppe an. Trockenfrüchte sollte man jedoch nur in geringen Mengen essen, da sie im Verhältnis zu frischem Obst viele Kalorien haben. Dasselbe gilt auch für das Verfeinern mit Nüssen, denn sie sind sehr fettreich.

Essen Sie zwischen den Mahlzeiten Nahrungsmittel aus der neutralen Gruppe, beispielsweise Karotten, 1 Stück Gurke oder 1 Tomate, eventuell auch ein Eckchen Käse oder frische reife Früchte aus der Eiweißgruppe. Sie zählen solo gegessen zur neutralen Gruppe. Wenn Ihr Blutzuckerspiegel nach einer eiweißreichen Mittagsmahlzeit am späten Nachmittag absinkt und Sie sich auf einmal schlapp und unkonzentriert fühlen, sollten Sie 1 reife Banane, 1 mürben Apfel oder 2–3 getrocknete Früchte essen.

Nach einer eiweißreichen beziehungsweise kohlenhydratreichen Hauptmahlzeit sollten Sie 3–4 Stunden warten, bis Sie eine Mahlzeit aus der konkurierenden Gruppe essen können. Denn so lange dauert es, bis Ihr Körper einen Teil der zugeführten Kohlenhydrate beziehungsweise des Eiweißes verdaut hat.

Die Getränke

Trinken Sie möglichst vor jeder Mahlzeit 1 großes Glas Mineralwasser ohne Kohlensäure. Zu den Mahlzeiten sollten Sie nach Möglichkeit auf Getränke verzichten. Zwischendurch können Sie Mineralwasser ohne Kohlensäure, Früchte- oder Kräutertee trinken. Wem dies zu langweilig ist, der kann auch frisch gepresste Frucht- oder Gemüsesäfte – am besten halb Saft, halb Mineralwasser ohne Kohlensäure – zu den eiweißreichen Mahlzeiten trinken. Zu den kohlenhydratreichen Gerichten ist Mineralwasser ohne Kohlensäure, Tee oder Gemüsesaftschorle erlaubt.
Wenn Sie im Restaurant essen, dürfen Sie zu eiweißreichen Mahlzeiten auch ein Gläschen Wein, Sekt oder Prosecco und zu kohlenhydratreichen ein Glas Bier trinken (siehe Seiten 94–126). Auf harte Spirituosen sollten Sie nach Möglichkeit verzichten. Wenn Sie zum Abschluss einen Kaffee, Cappuccino oder Espresso trinken, verlangen Sie ein großes Glas Wasser dazu.
Nehmen Sie täglich 2–3 Liter Flüssigkeit zu sich. Zwingen Sie sich im Stundentakt ein Glas Mineralwasser ohne Kohlensäure oder Früchte- und Kräutertee zu trinken. Dies ist die beste Möglichkeit, den Flüssigkeitshaushalt in den Griff zu bekommen.

Warum Mineralwasser ohne Kohlensäure?

Trinken ist einer der Schlüssel zu einer ausgeglichenen Säure-Basen-Balance, da die so genannten Schlacken über die Nieren ausgeschieden werden können. Geben Sie stillem Wasser, also Mineralwasser ohne Kohlensäure, den Vorzug, denn der Genuss von kohlensäurehaltigem Wasser führt kurzfristig zu einer Übersäuerung des Körpers und kann darüber hinaus auch Blähungen verursachen. Bevorzugen Sie außerdem Mineralwasser mit einem hohen Gehalt an Mineralstoffen. Wenn auf der Flasche nichts steht, können Sie davon ausgehen, dass es sich um ein Wasser mit einem sehr geringen oder geringen Mineralstoffgehalt handelt. Greifen Sie auch zu natriumarmen Wasser. Es enthält weniger Kochsalz als natriumreiches Wasser. Salz bindet Wasser im Gewebe und wirkt dem erwünschten Effekt des Entschlackens entgegen.

Trennkost und Familie

Auch wer für die Familie kocht, kann nach den Regeln der Trennkost leben, ohne extra für sich etwas kochen zu müssen. Servieren Sie Ihren Familienmitgliedern zu eiweißreichen Gerichten die üblichen Beilagen wie Kartoffeln, Reis oder Nudeln. Sie selbst sollten stattdessen lieber eine große Portion Salat oder Gemüse dazu essen. Gleiches gilt für kohlenhydratreiche Mahlzeiten, zu denen Sie Ihrer Familie beispielsweise ein Stück Fleisch oder Fisch reichen können, auf das Sie selbst jedoch verzichten sollten.

Trennkost und Gästebewirtung

Natürlich können Sie auch Freunde zum Essen einladen und trotzdem trennen. Es gibt genügend Gerichte, die trennkostgerecht sind. Hier eine kleine Auswahl an Gerichten, denen Ihre Gäste wohl kaum widerstehen können. Kreieren Sie aus den einzelnen Komponenten Ihr eigenes Menü.

Neutrale kalte und warme Vorspeisen:

Für ihre Gäste dürfen Sie den Brotkorb mit auf den Tisch stellen.

- Melone mit Parmaschinken
- Tomaten mit Mozzarella und Basilikum
- Gemüse-Carpaccio mit Parmesanspänen
- Räucherlachsröllchen mit Meerrettichsahne
- Blattsalate mit gewürfeltem Feta
- Spargelsalat mit Räucherlachs
- Champignons vom Grill mit Kräuterbutter

- Spargel mit zerlassener Butter und Parmaschinken
- Blattsalate mit gratiniertem Ziegenkäse
- Rucolasalat mit Parmesanspänen
- Geräucherte Forelle mit Meerrettichsahne

Eiweißreiche Hauptgerichte:

Als Beilagen können Sie Gemüse oder Salat in jeder Form anbieten.

- Lammkoteletts mit Ratatouillegemüse
- Minutensteaks mit Gemüse vom Grill
- Puten-Cordon-bleu mit gemischtem Salat
- Lammfilet im Kräutermantel mit geschmorten Tomaten
- Tafelspitz mit Wurzelgemüse und frisch geriebenem Meerrettich
- Rinderrouladen mit Bohnen-Tomaten-Gemüse
- Miesmuscheln im Kräuter-Wein-Sud
- Forelle mit Kräutern (in der Folie gegart) mit gemischtem Salat
- Seezungenröllchen mit Frühlingsgemüse

Kohlenhydratreiche Hauptgerichte:

- Pellkartoffeln mit Reblochon, Saint-Albray und Butter
- Pellkartoffeln mit Matjesfilets und saurer Sahne
- Pellkartoffeln mit geräuchertem Lachs und Crème fraîche
- Pellkartoffeln mit Schweizer Raclette
- Kartoffelgratin mit Comté überbacken und gemischtem Salat
- Vollkornnudeln mit Bärlauch- oder rotem Pesto, Parmesanspänen und gemischtem Salat
- Vollkornnudeln mit Mascarpone und frischen Kräutern
- Vollkornnudeln mit Pilz-Sahne-Sauce
- Vollkornnudeln mit Crème fraîche und geräuchertem Lachs
- Quiche Lorraine (mit Blätterteig zubereitet)
- Flammkuchen (Brotteigfladen mit saurer Sahne und Comté)

Eiweißreiche Desserts:

- Rote Grütze mit Schlagsahne
- Quarkspeise mit Beerenobst

- Weintraubengelee mit Vanillesahne
- Fruchtsalat mit Orangenlikör und Nüssen (keine Bananen)
- Fruchtgratins
- Fruchtsorbets
- Gratinierte exotische Früchte
- Käseplatte aus der Eiweißgruppe und der neutralen Gruppe mit frischen Früchten

Kohlenhydratreiche Desserts:

- Flambierte Bananen
- Bratäpfel mit Rosinenfüllung (nur mürbe Äpfel)
- Datteln mit Frischkäse-Nuss-Füllung
- Weiches Dörrobst mit Roquefort
- Ziegenkäse und frische Feigen
- Käseplatte aus der neutralen Gruppe mit Brot, Butter und Radieschen oder Tomatenachteln

Achten Sie darauf, dass bei der Zusammenstellung des Menüs auf eine neutrale Vorspeise ein eiweißreiches Hauptgericht und Dessert beziehungsweise ein kohlenhydratreiches Hauptgericht und Dessert folgt. Kombinieren Sie auf keinen Fall ein eiweißreiches Hauptgericht mit einem kohlenhydratreichen Dessert oder umgekehrt. Was Sie Ihren Gäste zu den einzelnen Gängen zu trinken anbieten, bleibt Ihnen überlassen. Sie selbst sollten zu eiweißreichen Gerichten nur Mineralwasser ohne Kohlensäure oder 1 Gläschen Wein trinken, zu kohlenhydratreichen, wenn Alkohol, nur ein kühles Bier.

Trennkost und Restaurantbesuche

Sebstverständlich schließen sich Trennkost und ein gutes Essen im Restaurant nicht aus. Egal, welche Küche sie bevorzugen, Sie finden sowohl in italienischen und französischen als auch in asiatischen oder arabischen Restaurants viele Gerichte, die trennkostgerecht sind. Einen kleinen Überblick und allgemeine Hinweise zu den traditionellen Gerichten der aufgeführten Länder finden Sie auf den

Seiten 94–126. Wenn Sie sich bei bestimmten Gerichten unsicher sind, ob sie tatsächlich in eine der Trennkostgruppen passen, fragen Sie die Bedienung nach den verwendeten Zutaten.
Und denken Sie daran, die Trennkost ist nicht immer ein Muss. Wenn Sie wirklich Appetit auf ein Gericht haben, dass den Trennkostregeln nicht entspricht, dann dürfen Sie dieses auch ohne schlechtes Gewissen hin und wieder genießen.
Im Gegensatz zu anderen Diäten ist die Trennkost eine Ernährungsform, die man jederzeit kurzfristig unterbrechen kann, ohne dass sich das sofort auf die bisherigen Erfolgserlebnisse negativ auswirkt. Denn wer langfristig seine Ernährung umstellt, kann ruhig hin und wieder über die Stränge schlagen.

Fitness und Wellness

Neben einer gesunden Ernährung formt auch regelmäßige Bewegung Ihre Figur. Werden Sie aktiv und bringen Sie mit einfachen Übungen Ihren Kreislauf in Schwung. Leichte Gymnastikübungen mobilisieren Körper und Geist und setzen innere Energiequellen frei. Bewegung bringt die Fettverbrennung auf Touren und kann ein Ventil für Anspannung und Ärger sein.
Öfter einmal so richtig aus der Puste kommen und kräftig durchatmen – das hat jede Menge positive Effekte. Der gesamte Organismus wird mit sauerstoffreichem Blut durchflutet. Das fördert Ihre Denkfähigkeit, vergrößert das Volumen der Lunge und stabilisiert die Herzleistung. Bewegung stimuliert sowohl die Produktion als auch die Ausschüttung verschiedener Hormone, unter anderem regt es die Sexualhormone an. Durch körperliche Aktivität können Sie Osteoporose (Knochenentkalkung) vorbeugen, das Gewicht regulieren und das Immunsystem stärken. Und nicht zu vergessen: Sport, der regelmäßig betrieben wird, strafft das Bindegewebe und kräftigt die Muskulatur.
Suchen Sie sich eine Sportart aus, die Ihnen Spaß macht, Ihrem Alter entspricht und Ihrer körperlichen Konstitution. Dafür müssen Sie noch nicht einmal ins Fitnessstudio gehen:

- Gehen Sie regelmäßig Schwimmen.
- Besuchen Sie einmal pro Woche die Sauna.
- Fahren Sie gemütlich täglich 1 Stunde Fahrrad.
- Überlassen Sie den Fahrstuhl anderen.
- Lassen Sie sich vom Springseil verführen.
- Holen Sie den Hula-Hoop-Reifen wieder aus dem Keller, oder benutzen Sie den Ihrer Tochter.
- Tanzen Sie zu Ihrer Lieblingsmusik.
- Gehen Sie in der kalten Jahreszeit ruhig mal wieder Schlitten fahren oder Schlittschuh laufen.
- Helfen Sie Freunden bei der Gartenarbeit.
- Gehen Sie auch regelmäßig zügig spazieren (Stichwort: walking)
- Schaffen Sie sich Inlineskates an.

Es finden sich immer und überall viele Möglichkeiten sich zu bewegen: ob Hausputz, Wanderung durch Wälder, Wiesen oder den nah gelegenen Park und auch zwischendurch im Büro.
Belohnen Sie sich nach körperlichen Aktivitäten auf keinen Fall mit »Extrakalorien«, auch wenn Bewegung Sie hungrig macht. Löschen Sie Ihren Durst in erster Linie mit Mineralwasser ohne Kohlensäure oder verdünnten Obst- und Gemüsesäften. Stillen Sie Ihren Appetit mit frischen Früchten, Rohkost oder einer Quarkspeise mit zerkleinertem Obst.

Entspannung und Ruhe

Tun Sie jeden Tag etwas Gutes für Ihren Körper: Pflegen Sie ihn und gönnen Sie ihm ein wohltuendes Aromabad. Tauchen Sie bei einem schönen Film in eine andere Welt ein oder entspannen Sie sich beim Lesen eines guten Buches. Duftkerzen und Aromaöl sorgen zusätzlich für Entspannung und Ruhe. Probieren Sie die verschiedensten Düfte aus und beobachten Sie, wie Ihr Körper und Ihr Geist darauf reagieren. Einige Düfte, zum Beispiel Mellissenaroma, haben zusätzlich eine heilende Wirkung. Der Duft von Rosenöl hingegen wirkt wunderbar entspannend und sorgt für gute Laune.

Der Trennplan

Bei der praktischen Umsetzung der Trennkost gibt es immer wieder Missverständnisse und Unsicherheiten. Dabei lässt sich das Trennen leicht lernen. Lebensmittel aus der Eiweißgruppe und Lebensmittel aus der Kohlenhydratgruppe sollten Sie möglichst nicht zu einer Mahlzeit kombinieren. Gleichzeitig essen dürfen Sie hingegen eiweißreiche und neutrale Nahrungsmittel beziehungsweise kohlenhydratreiche Lebensmittel und neutrale Produkte.

Die farbliche Codierung des Trennplans auf den folgenden Seiten wurde auch in sämtlichen Tabellen (siehe ab Seite 59) und in Form von Kästchen im Einführungsteil verwendet. So erkennen Sie sofort, ob ein Lebensmittel oder ein Gericht neutral ■, eiweißreich ■ oder kohlenhydratreich ■ ist.

Die neutrale Gruppe

Zur neutralen Gruppe gehören nach Dr. Hay alle Fette, naturbelassene Öle und Butter sowie fettreiche Lebensmittel, wie beispielsweise Sahne, vollfetter Käse ab 60 % Fett i. Tr., geräucherter Fisch und rohe Wurstwaren. Das hat folgenden Grund: Fett wird nicht im Magen, sondern erst viel später, nämlich im oberen Teil des Dünndarms verdaut.

Dies bedeutet, dass die neutralen Nahrungsmittel die Verdauungsarbeit im Magen überhaupt nicht stören. Trotzdem sollten Sie diese fettreichen Produkte nur in kleinen Mengen verwenden. Sie sind zwar neutral und daher sowohl mit Produkten aus der Eiweißgruppe als auch mit Produkten aus der Kohlenhydratgruppe kombinierbar, aufgrund ihres hohen Fettgehaltes sind sie jedoch auch äußerst kalorienreich.

Gesäuerte Milchprodukte sind eigentlich eiweißreich, gelten aber dennoch als neutral. Die Begründung: Die Eiweißstrukturen werden durch die Säuerung so verändert, dass das Eiweiß dieser Produkte nach den Erfahrungen von Dr. Hay leichter verdaulich ist. Das gleiche gilt auch für rohes Fleisch, beispielsweise Rinder-Carpaccio, und rohen Fisch, zum Beispiel in Sushis. Beide zählen normalerweise zur Eiweißgruppe. Sie gelten in der Trennkost aber als neutral, weil ihre Zellstrukturen nicht durch Erhitzen, wie beispielsweise beim Braten oder Pochieren, verändert werden. Denn durch diese Garmethoden wird das Eiweiß nach Dr. Hay schwerer verdaulich.

Zur neutralen Gruppe gehören auch die Früchte- und Kräutertees. Sie sorgen für Abwechslung beim Trinken. Kräutertees, wie beispielsweise Pfefferminz-, Kamillen- und Fencheltee, aber auch andere Kräuterteesorten, stillen nicht nur den Durst, sie haben auch eine arzneiliche Wirkung. Trinken Sie daher nicht über einen längeren Zeitraum die gleiche Teesorte, sondern wechseln sie täglich ab. Früchtetees, wie Apfel-, Malven- oder Hibiskustee, können Sie hingegen bedenkenlos täglich trinken.

Das ist neu am Trennplan

Aufgrund der vielen Missverständnisse war es notwendig, die neutrale Gruppe in zwei Gruppen zu unterteilen. Sahne, Butter, roher Schinken, Räucherlachs und vollfetter Käse wurden wegen ihrer »Neutralität« oft in viel zu großen Mengen verzehrt. Wegen ihres hohen Fett- und Salzgehaltes sollten Lebensmittel aus Teil 1 der neutralen Gruppe jedoch nur in kleinen Mengen auf dem Speiseplan stehen.

Bei Obst, Gemüse, Rohkost und Salaten gibt es keine Einschränkungen. Ausnahme: Nüsse und Samen. Beide stehen aufgrund ihres hohen Anteils an wertvollen Vitalstoffen im Teil 2 der neutralen Gruppe, für die es mengenmäßig keine Einschränkungen gibt. Nüsse und Samen sollten Sie wegen des hohen Fettgehaltes trotzdem nur in Maßen essen. Beachten Sie also:

- Die Lebensmittel in Teil 1 der neutralen Gruppe möglichst nur sparsam verwenden.
- Die Lebensmittel in Teil 2 der neutralen Gruppe als basenreiche Vorspeise vor einer Eiweiß- oder Kohlenhydratmahlzeit genießen.
- Kombinieren Sie Lebensmittel aus der neutralen Gruppe nur mit Lebensmitteln aus der Eiweiß- oder Kohlenhydratgruppe, aber nie beide zusammen.

Neutrale Gruppe – Teil 1

Lebensmittel in Teil 1 der neutralen Gruppe sparsam verwenden, diejenigen aus beiden neutralen Teilen dürfen mit Lebensmitteln aus der Eiweiß- oder Kohlenhydratgruppe kombiniert werden.

Fette

Kaltgepresste Öle, Butter, ungehärtete Margarine mit hohem Anteil mehrfach ungesättigter Fettsäuren, ungehärtete Plattenfette; schmalzähnlicher pflanzlicher Brotaufstrich (z. B. Holstener Liesl).

Gesäuerte Milchprodukte

Joghurt, saure Sahne, Quark, Buttermilch, Dickmilch, Kefir, Sahne, Crème fraîche, Kaffeesahne.

Sojaprodukte

Soja Creme, Soja cremig neutral, Soja Dream.

Schnittkäse

Allgäuer Emmentaler, Appenzeller, Asiagio pressato, Fontina, Halloumi, Majorero, Morbier, Pyrenäenkäse, Schweizer Raclette, Reblochon de Savoie, Salers, Thurgauer, Tomme de Savoie, Wörishofener, Rahmgouda.

Hartkäse aus roher Milch

Beaufort, Caciovacallo, Comté, Grana padano, Gruyère, Grüntener, Jurassic, Manchego, Montasio, Original Parmesan, Provolone, Sbrinz Switzerland, Urtaler.

Weichkäse

Amaltée, Andechser Bio-Ziegenkäse, Banon Chèvre, Brie de Meaux, Brocciu, Cabrales, Camembert, Chaource, Coulommiers Epoisses, Feta, Fromage Hansi, Liptauer, Mont d'Or, Munster Géromé, Pouligny Saint-Pierre, Roquefort, Sant Abray.

Sauermilch- und Frischkäse

Handkäse, Harzer Roller, Mainzer, Korbkäse, Tiroler Graukäse, Mascarpone, Mozzarella, Picandou Fermier, Ricotta, Robiola Osella.

Luftgetrocknete oder roh geräucherte Wurstwaren

Bündner Fleisch, Rohschinken, Lachsschinken, Salami, Debrecziner.

Rohes Fleisch

Tatar (rohes Fleisch nur ganz frisch und nicht zu häufig).

Rohe, marinierte, geräucherte Fischsorten

Räucherlachs, gebeizter Lachs, Matjeshering, Schillerlocken, geräucherter Bückling, Makrele, Aal, geräucherte Forelle.

Nüsse und Samen

Haselnusskerne, Walnusskerne, Mandeln, Kokosnuss, Sonnenblumenkerne, Sesamsamen, Mohn.

Essigersatz

Vergorenes Molkekonzentrat (Molkosan), Obstessig, Brottrunk.

Klare hochprozentige Spirituosen

Korn, Wacholder, klarer Obstbrand.

Sonstiges

Ungeschwefelte Rosinen, Oliven, Eigelb, Hefe, Gemüsebrühe.

Neutrale Gruppe – Teil 2

Die Lebensmittel in Teil 2 sind in unbegrenzter Menge erlaubt. Kombinieren Sie diese innerhalb einer Mahlzeit nur mit Lebensmitteln aus der Eiweiß- oder Kohlenhydratgruppe.

Gemüsesorten

Auberginen, Artischocken, Avocados, Brokkoli, Blumenkohl, grüne Bohnen, Chicorée, Chinakohl, grüne Erbsen, Fenchel, Grünkohl, Gurken, Kohlrabi, Kohlrübe, Kürbis, Lauch, frischer Mais, Mangold, Melonen, Möhren, Okra, Palmherzen, Paprikaschoten, Peperoni, Radieschen, Rettich, Rote Beten, Rosenkohl, Rotkohl, Sauerkraut, Schwarzwurzeln, Sellerie, Spargel, Spinat, Spitzkohl, Staudensellerie, rohe Tomaten, Topinambur, Suppengrün, Wachsbohnen, Weißkohl, Wirsing, Zucchini, frischer Zuckermais, Frühlingszwiebeln, Knoblauch, Pfefferschoten, Schalotten, Zwiebeln.

Blattsalate

Kopfsalat, Endiviensalat, Eichblattsalat, Feldsalat, Friséesalat, Eisbergsalat, Lollo rosso, Rucola, Radicchio, Römischer Salat.

Pilze

Austernpilze, Champignons, Hallimasch, Morcheln, Pfifferlinge, Rotkappen, Shiitake-Pilze, Steinpilze und andere Waldpilze, Trüffel.

Sprossen und Keime

Mungobohnensprossen, Alfalfasprossen, Radieschensprossen, Kichererbsenkeimlinge und andere Keimlinge.

Geliermittel

Gelatine (tierisches Produkt), Agar-Agar (pulverisierte Meeresalge; Verwendung: Das Pulver in kalter Flüssigkeit auflösen, auf 60–80° erhitzen und erkalten lassen), pflanzliches Bindemittel aus Johannisbrotkernmehl (aus dem Reformhaus).

Sonstiges

Kräuter (Basilikum, Kresse, Petersilie, Schnittlauch), Gewürze (Meerrettich, Senf, Pfeffer), Zitrusschalen, Kräutertees, Heidelbeeren, frische Kokosmilch, Malzkaffee, Naturmolke.

Eiweißgruppe

Lebensmittel aus der Eiweißgruppe dürfen nicht mit Lebensmitteln aus der Kohlenhydratgruppe kombiniert werden, dafür mit Lebensmitteln aus der neutralen Gruppe.

Gegarte Fleischsorten

Bratenfleisch, Filet, Rouladen, Roastbeef, Sauerbraten, mageres Suppenfleisch, Tafelspitz, Lammbraten, Lammkoteletts, Gulasch, Steaks, Hackfleisch, Schnitzel, gegartes Geflügel, z. B. Hähnchenbrustfilet, Putenschnitzel, Putenbrust, Gans, Ente.

Gegarte Fischsorten

Aal, Forelle, Heilbutt, Kabeljau, Karpfen, Lachs, Makrele, Rotbarsch, Sardinen, Schellfisch, Seelachs, Seezunge, Scholle, Sprotten, Steinbutt, Tunfisch, Tintenfisch (Sepia), Zander.

Meeresfrüchte

Garnelen, Hummer, Krabben, Krebsfleisch, Languste, Miesmuscheln, Venusmuscheln.

Obstsorten

Saftige Äpfel, Aprikosen, frische Birnen, Brombeeren, Erdbeeren, Himbeeren, Holunderbeeren, Johannisbeeren, Kirschen, Mirabellen, Nektarinen, Pflaumen, Pfirsiche, Quitten, Reineclauden, Rhabarber, Sauerkirschen, Stachelbeeren, Weintrauben.

Zitrusfrüchte

Klementinen, Grapefruits, Limetten, Mandarinen, Orangen, Zitronen.

Exotische Früchte

Ananas, Guave, Granatapfel, Kaki, Kiwi, Kumquats, Litschi, Mango, Papaya, Passionsfrüchte.

Eier, Milch und Käse

Vollei, alle Trinkmilchsorten, Käse bis 45 % Fett i. Tr., z. B. Edamer, Gouda, Tilsiter, Käse bis 60 % Fett, z. B. Allgäuer Bergkäse, Andechser Rahmkäse, Bel Paese, Bergader Edelpilzkäse, Cantadou, Cheddar, Chester, Esrom, Fol Epi, Gorgonzola, Mondseer, Montafoner Bergkäse, Pecorino, Steppenkäse, Trappistenkäse.

Sojaprodukte

Tofu, Sojafleisch.

Getränke

Apfelwein, Obstsäfte, herber Weiß-, Rot- und Roséwein, trockener Sekt.

Sonstiges

Gekochte Tomaten, Aceto balsamico, Himbeeressig.

Kohlenhydratgruppe

Nicht mit Lebensmitteln aus der Eiweißgruppe zu kombinieren, dafür mit Lebensmitteln aus der neutralen Gruppe.

Vollkorngetreide

Hafer, Gerste, Hirse, Weizen, Roggen, Vollkorngetreide-Erzeugnisse, z. B. Vollkornbrot und -brötchen, Kuchen und Gebäck aus Vollkornmehl, Vollkornnudeln, Naturreis.

Kartoffeln

Kartoffeln in jeder Form.

Obstsorten

Bananen, abgelagerte mürbe Äpfel, frische Feigen, frische Datteln, ungeschwefeltes Trockenobst.

Süßungsmittel

Agavendicksaft, Ahornsirup, Apfeldicksaft, Birnendicksaft, Honig (diese Mittel dürfen in kleinen Mengen auch zum Abschmecken eiweißreicher Gerichte verwendet werden).

Sonstiges

Kartoffelstärke, Bier.

Trennkost-Tabus

Auf diese Nahrungsmittel sollten Sie in der Trennkost am besten vollkommen verzichten:

- Weißes Mehl und daraus hergestellte Produkte, z. B. süße und pikante Backwaren, Nudeln, polierter Reis.
- Zucker, Süßstoffe und daraus hergestellte Produkte, z. B. Süßwaren, Marmeladen und Gelees.
- Fertiggerichte und Konserven.
- Schweinefleisch, Wurst und Schinken vom Schwein, rohes Fleisch.
- Getrocknete Hülsenfrüchte, z. B. Bohnen, Erbsen, Linsen.
- Erdnüsse.
- Preiselbeeren (hoher Zuckergehalt).
- Rohes Eiweiß von Eiern (Gefahr von Bakterien und Salmonellen).
- Fertige Mayonnaisen (enthalten oft minderwertiges Öl; besser selber herstellen oder aus dem Reformhaus).
- Gehärtete Fette, z. B. handelsübliche Margarine, feste, weiße Frittier- und Bratfette (Plattenfette; enthalten in cholesterinfreien Margarinesorten, auch in vielen Fertiggerichten, Gebäck, Süßwaren und Eis).
- Schwarzer Tee, Bohnenkaffee, Kakao (Koffein und Tein sind Genussmittel und Säurebildner).
- Limonaden, Malzbier, hochprozentige Spirituosen (Zucker und Alkohol sind Genussmittel und Säurebildner).
- Zum Panieren von Lebensmitteln aus der Eiweißgruppe kein Paniermehl verwenden (es gehört in die Kohlenhydratgruppe; Alternativen sind: Sesamsamen, gemahlene Nüsse aus der neutralen Gruppe).

Fragen und Antworten zum Trennplan

In welche Gruppe gehören Tomaten?

Bei Tomaten sollten Sie auf die Art der Verarbeitung achten. Roh schmecken Sie süßlich und gehören zur neutralen Gruppe. Als Tomatensauce oder -suppe, also beim Erhitzen, werden die Zellstrukturen so verändert, dass die Tomaten sauer schmecken und wie saures Obst zur Eiweißgruppe gehören. Für den Verdauungsprozess muss der Körper saure Verdauungssäfte bereitstellen. Getrocknete Tomaten zählen dagegen zur Kohlenhydratgruppe.

Welche Apfelsorten sind trennkostgerecht?

Frisch geerntete Äpfel, die noch viel Fruchtsäure enthalten, werden in einem sauren Milieu verdaut und gehören deshalb zur Eiweißgruppe. Der gleiche Apfel, der über einen längeren Zeitraum gelagert und dabei mürbe wurde, hat einen wesentlich geringeren Fruchtsäureanteil und wird im basischen Milieu verdaut. Abgelagert und mürbe zählt er daher zur Kohlenhydratgruppe. Aus diesem Grund kann man keine speziellen Apfelsorten nennen.

Wie lange soll die Esspause nach einer Obstmahlzeit dauern?

Im Allgemeinen wird Obst sehr schnell verdaut, weil es Enzyme enthält, die den Verdauungsprozess beschleunigen. Deshalb kann nach einer Obstmahlzeit in der Regel schon nach etwa 30 Minuten eine weitere Eiweiß- oder Kohlenhydratmahlzeit folgen.

Wie sieht der ideale Essrhythmus aus?

Nach dem Frühstück bis zur ersten Zwischenmahlzeit sollten Sie eine Esspause von 1–2 Stunden einhalten. Danach bis zur Mittagsmahlzeit 30 Minuten bis 1 1/2 Stunden. Nach dem Mittagessen benötigt ihr Magen eine längere Verschnaufpause. Es dauert 3–4 Stunden bis der größte Teil der Nährstoffe von den Verdauungsenzymen und Magensäften gespalten wird. Zwischen dem Snack am Nachmittag und dem Abendessen sollte die Pause 2 Stunden betragen. Ganz wichtig: Nehmen Sie ihre Abendmahlzeit nicht zu spät ein und bevorzugen Sie ein leichtes kohlenhydratreiches Gericht, damit ihre Verdauung nachts auch zur Ruhe kommt.

Welche Käse sind neutral?

Alle Käsesorten, die aus naturbelassener roher Milch geschöpft und hergestellt werden, wurden durch Zusatz von Milchsäurebakterien gesäuert. Sie sind damit leichter verdaulich und zählen zu den neutralen Käsesorten. Bei Käse aus pasteurisierter Milch fehlt die natürliche Säuerung, dadurch ist er schwerer verdaulich und gehört zur Eiweißgruppe. Doch, ob neutral oder eiweißreich, verzehren Sie Käse nur in Maßen, am besten immer im Verhältnis 1 Teil Käse und dazu 4 Teile Gemüse oder Salat.

Warum soll man keine Hülsenfrüchte essen?

Hülsenfrüchte werden in der original Hayschen Trennkost ausdrücklich nicht empfohlen, weil sie schwer verdaulich sind, blähen, den Magen übersäuern und Nierenleiden sowie Gicht begünstigen. Andererseits liefern Hülsenfrüchte wertvolles pflanzliches Eiweiß, die Vitamine A und E, die Vitamine der B-Gruppe sowie lebenswichtige Mineralstoffe. Daher sollte jeder selbst entscheiden, ob er ab und zu Bohnen, Linsen und Erbsen in seinen Speiseplan einbaut. Mit Gewürzen, wie Kümmel- und Fenchelsamen oder frischen Kräutern, zum Beispiel Majoran, Liebstöckel, Thymian oder Rosmarin, werden Hülsenfrüchte bekömmlicher. Sie können sie auch nach dem Garen pürieren, dann sind sie noch leichter verdaulich.

Warum gehört Essig zu den verbotenen Würzmitteln?

Essig ist in der Trennkost nicht grundsätzlich verboten, wird aber eher nicht empfohlen, weil er zu den stark Säure bildenden Nahrungsmitteln gehört. Milde Essigsorten, wie beispielsweise Aceto balsamico und Himbeeressig, passen in kleinen Mengen zu eiweißreichen Gerichten, nicht jedoch zu kohlenhydratreichen. Auch mit

Zitronensaft können Salatdressings zubereitet werden. Sie sollten ebenfalls nur zur eiweißreichen Mahlzeiten serviert werden. Für kohlenhydratreiche Gerichte sind Molkosan, ein vergorenes Molkenkonzentrat, Obstessig und Brottrunk ein guter Essigersatz.

Welche Alternativen gibt es für Zucker?

Ahornsirup, der Zucker aus dem Saft des Zuckerahornbaumes, hat ein feines Aroma. Er sollte nach dem Öffnen im Kühlschrank aufbewahrt werden, da er nur begrenzt haltbar ist. Apfel- und Birnendicksaft werden aus dem Saft der reifen Früchte hergestellt. Beide haben einen interessanten Eigengeschmack. Frutilose ist ein Obstdicksaft aus dem Reformhaus. Alle diese Süßungsmittel gehören zur Kohlenhydratgruppe. In kleinen Mengen können diese Alternativen auch zum Süßen von eiweißreichen Gerichten verwendet werden. Empfehlenswert ist auch Honig.

Aus welchem Grund werden Pfeffer und andere Gewürze in der Trennkost nicht empfohlen?

Dr. Hay litt an der Brightschen Nierenerkrankung und verbannte alle Nahrungsmittel von seinem Speiseplan, die eine Nierenreizung auslösen konnten. Dazu gehörten unter anderem Pfeffer, Senf, Ingwer und Meerrettich. Da diese Gewürze nicht nur den Speiseplan bereichern, sondern auch einige positive Wirkungen haben, ist gegen die Verwendung kleiner Mengen nichts einzuwenden. Frische Ingwerwurzel wirkt beispielsweise antiseptisch. Frisch geriebener Meerrettich fördert den gesamten Stoffwechsel und entwässert. Und Senf erleichtert unter anderem die Fettverdauung.

Welche Nahrungsmittel wirken besonders Basen bildend?

Darüber streiten sich die Gelehrten. Aus der Vielzahl der Nahrungsmittel haben sich jedoch herauskristallisiert: Sprossen und Keime, Kartoffeln, Salate, alle Gemüsesorten (außer Rosenkohl und Wirsing), Pilze, frische Kräuter, sonnengereiftes Obst, frisch gepresste Obst- und Gemüsesäfte, kaltgepresste Öle und Fette sowie Sahne.

Passen Sojaprodukte in die Trennkost?

Pflanzliche Alternativen zu Sahne und Crème fraîche sind cremige Produkte aus der Sojabohne. Sie sind cholesterinfrei und geschmacksneutral. Sojaprodukte eignen sich zum Überbacken, Gratinieren und Legieren von Suppen und Saucen sowie zum Verfeinern von Fleisch- und Fischgerichten. Eine Creme aus Sojabohnen passt zu Desserts und unterstützt den Eigengeschmack von Gemüse. Sie ist allerdings nicht aufschlagbar wie Sahne. Beachten Sie: Diese Produkte zählen zur neutralen Gruppe.

Tofu, auch Sojaquark oder Sojakäse genannt, wird aus Sojamilch herhestellt. Er ist fettarm, ebenfalls cholesterinfrei, leicht verdaulich und reich an pflanzlichem Eiweiß. Darüber hinaus liefert er Vitamine der B-Gruppe und viele Mineralstoffe. Tofu ist geschmacksneutral, daher schmeckt er am besten mariniert in der Pfanne oder im Wok gebraten. Beachten Sie: Tofu gehört zur Eiweißgruppe.

Zu welchen Mahlzeiten bieten sich Kuchen, pikantes Gebäck und Desserts an?

Kuchen und Gebäck sind ein möglicher Snack am Nachmittag, allerdings nur in Maßen. Je nach Wunsch kann ein Dessert oder ein Stück Kuchen ausnahmsweise das Mittag- oder Abendessen ersetzen. Wichtig ist, dass Sie davor einen Teller Salat, Rohkost oder Gemüse essen. Wem diese Kombination nicht zusagt, kann Salat oder Gemüse als nächste Zwischen- oder Hauptmahlzeit essen. Trennkostgerecht kombinierte Desserts können Sie vor und nach einem eiweißreichen oder kohlenhydratreichen Gericht genießen, aber auch als Snack zwischendurch.

Darf man Tiefkühlprodukte verwenden?

Gegen die Verwendung von tiefgekühlten Produkten ist nichts einzuwenden, wenn sie ohne Zusätze oder nicht in bereits zubereiteter Form tiefgefroren wurden. Bei Früchten sollte man immer darauf achten, dass sie ungezuckert, bei Gemüse, dass es »natur pur« tiefgefroren wurde. Obst und Gemüse aus der Tiefkühltruhe enthalten immer noch viele Vitamine und Mineralstoffe, da es direkt nach der Ernte schockgefroren wird. Bei Obst und Gemüse aus dem Supermarkt weiß man jedoch nie, wie viel Zeit zwischen Ernte und Verkauf bereits vergangen ist. Deshalb sollte man frisches Obst und Gemüse beim Fachhändler, auf dem Wochenmarkt oder direkt beim Bauern in der Nähe kaufen.

Anders hingegen sieht es bei Konserven und Obst oder Gemüse aus dem Glas aus. Hier gehen bei der Herstellung speziell wasserlösliche Vitamine und Mineralstoffe verloren. Sie sind daher für die Trennkost nicht zu empfehlen.

Ist Trennkost als Dauerernährung geeignet?

Die neue Trennkost mit ihrem optimalen Nährstoffmix aus leicht verdaulichen Eiweißen, ballaststoffreichen Kohlenhydraten, vielen gesunden Vitalstoffen und hochwertigen Pflanzenölen macht auf Dauer fit und schlank, schön und leistungsfähig. Darüber hinaus schützt sie nicht nur vor Herz-Kreislauf-Erkrankungen, hohen Cholesterinwerten, Übergewicht und Übersäuerung, sondern entlastet auch Magen und Darm.

Ist Trennkost in der Schwangerschaft und Stillzeit unbedenklich?

Ja, denn durch den hohen Anteil an Obst und Gemüse werden Schwangere und Stillende mit lebenswichtigen Vitaminen, Mineralstoffen und Spurenelementen versorgt. So bekommen Mutter und Kind alles, was sie in dieser Zeit brauchen. Starke Wasseransammlungen bleiben aus. Stillende sollten allerdings Kohl, Zitrusfrüchte und Alkohol meiden.

Ist Trennkost mit der vegetarischen Ernährung vereinbar?

Es gibt viele Vegetarier, die sich trennkostgerecht ernähren. Sie sollten darauf achten, dass die Eiweiße nicht zu kurz kommen. Aber mit Käse und Milchprodukten ist dies kein Problem, wenn außerdem die biologische Wertigkeit von Lebensmitteln beachtet wird.

Trennen im Alltag

Trennen ist ein Kinderspiel. Schon nach kurzer Zeit werden Sie auch ohne Trennplan die richtigen Nahrungsmittel zusammenstellen und sich entsprechend den Trennkostregeln ernähren. Hier finden Sie einen Überblick über die einzelnen Nahrungsmittelgruppen. Es wird erklärt, wie man mit ihnen umgeht, ohne dass wertvolle Nährstoffe verloren gehen, und wie man sie am besten kombiniert.

Salate und Kräuter

Salate und Kräuter versorgen uns mit wertvollen Vitaminen, Mineralstoffen und Spurenelementen. Außerdem liefern sie sekundäre Pflanzenstoffe wie Phytosterine, die Untersuchungen zufolge den Cholesterinspiegel senken, und Ballaststoffe. Gleichzeitig enthalten sie jede Menge Wasser, wenig Kalorien und regulieren die Säure-Basen-Balance. Salate und Kräuter zählen zur neutralen Gruppe und können daher als Beilage zu eiweißreichen und kohlenhydratreichen Gerichten serviert und mit Produkten aus beiden Gruppen kombiniert werden.

Frische Kräuter enthalten viel Vitamin C und ätherische Öle, die zum einen eine heilende Wirkung haben können und zum anderen den Appetit anregen und bei der Verdauung helfen. Sowohl Kräuter als auch Salate sollten Sie immer erst kurz vor dem Verwenden kalt überbrausen, mit Küchenpapier vorsichtig trockentupfen und dann erst zerkleinern, damit Aroma und wertvolle Vitamine und MIneralstoffe nicht verloren gehen.

Mit Knoblauch, Zwiebeln & Co. lassen sich Salate aufpeppen. Auch Frühlingszwiebeln und Bärlauch passen hervorragend zu Blattsalaten. Sie enthalten ebenfalls wertvolle ätherische Öle. Eine Besonderheit ist Schnittknoblauch, den es am Anfang des Sommers gibt. Er ähnelt langen Grashalmen und strömt das Aroma von Knoblauch aus. Die Halme in feine Streifen schneiden und wie frische Kräuter über die Salate und das Gemüse streuen.

Salat sollten Sie immer gut trockenschleudern und erst unmittelbar vor dem Servieren mit dem Dressing vermischen, damit er nicht zusammenfällt und die wertvollen Vitalstoffe erhalten bleiben.

Salate trennkostgerecht kombinieren

Neutralen Blattsalat und Kräuter können Sie nach Lust und Laune variieren. Je nachdem womit sie ihn kombinieren, bleibt er neutral, wird eiweißreich oder zählt danach zur Kohlenhydratgruppe.

Neutral bleibt Salat mit:

- Räucherlachsstreifen
- geräucherter Forelle
- zerbröckeltem Schafskäse
- gebackenem Ziegenkäse
- Parmesanspänen
- gerösteten Pilzen
- Sprossen und Keimen
- gerösteten Sonnenblumen- oder Pinienkernen

Eiweißreich wird Salat mit:

- gebratenen Shrimps
- Flusskrebsfleisch
- gebratener Geflügelleber
- gebratener, in Streifen geschnittener Putenbrust
- gebratener Entenbrust
- Roastbeefröllchen
- hart gekochten, geviertelten Eiern
- Spiegel- oder Rühreiern
- in Würfel geschnittenem Gouda

Kohlenhydratreich wird Salat mit:

- gerösteten Brotwürfeln (Croûtons)
- Folienkartoffeln und Kräuterquark
- Pellkartoffeln mit Butter und Ziegenfrischkäse

- Kartoffelgratin mit Käse überbacken
- Polenta mit Steinpilzsauce
- Vollkornbrot oder -brötchen mit Butter und Schinken

Dressings

Der Klassiker unter den Salatsaucen ist eine Öl-Essig-Sauce, die im Mengenverhältnis drei Teile Öl und ein Teil Essig zubereitet wird. In der Trennkost wird Essig jedoch nur sparsam verwendet, da er zu den Säure bildenden Nahrungsmitteln zählt. Obstessig, Molkosan und Brottrunk können Sie als Essigersatz für kohlenhydratreiche Gerichte verwenden. Zu eiweißreichen Mahlzeiten dürfen Sie Ihren Salat auch mit Zitronensaft, Himbeeressig und kleinen Mengen Aceto balsamico oder anderen milden Essigsorten abschmecken. »Verlängern« können Sie Dressings mit Buttermilch oder Joghurt. Salatdressings aus Joghurt, Buttermilch, Sahne, saurer Sahne, Schmand, Crème fraîche oder Soja Creme sind neutral und passen zu allen Varianten.

Bei Brottrunk handelt es sich um ein milchsauer vergorenes Produkt aus Vollkornbrot. Er hat einen leicht säuerlichen Geschmack und ist reich an Vitaminen, Mineralstoffen und Spurenelementen. Brottrunk wirkt aktivierend auf den gesamten Organismus, regeneriert die »freundlichen« Darmbakterien, erhöht die Sekretion von Verdauungsfermenten und hilft den Körper zu entschlacken. Verwenden Sie ihn zu Beginn nur in ganz kleinen Mengen, da er allergische Reaktionen verursachen kann.

Gemüse

Auch Gemüse liefert wie Salate und Kräuter viele Vitalstoffe, sekundäre Pflanzenstoffe und Ballaststoffe. Wird es ungegart verzehrt, beispielsweise als Salat aus rohen geraspelten Karotten oder dünn gehobelten Fenchelknollen, bezeichnet man es als Rohkost. Egal, ob gedünstet, gedämpft oder in Form von Rohkost, Gemüse zählt im natürlichen Zustand zur neutralen Gruppe.

Der Anteil an Salat, Rohkost, Gemüse und Obst sollte bei 60 bis 80 Prozent täglich liegen. Es gilt die Regel: ein Teil Fleisch und dazu drei Teile Salat, Rohkost oder Gemüse bei eiweißreichen Gerichten und ein Teil Reis oder Kartoffeln und drei Teile Salat, Rohkost oder Gemüse bei kohlenhydratreichen Mahlzeiten.

Eine Ausnahme bilden gekochte Tomaten. Durch das Garen der Tomaten verändert sich ihre Struktur, so dass sie nur noch mit Nahrungsmitteln aus der neutralen beziehungsweise aus der Eiweißgruppe kombiniert werden können.

Gewürze und Kräuter unterstützen den Eigengeschmack vieler Gemüsesorten. Gehen Sie beim Würzen großzügig mit frischen Kräutern um. Streuen Sie diese aber erst nach dem Dünsten oder Dämpfen über das Gemüse, denn beim Garen gehen wertvolle Vitalstoffe verloren. Kaufen Sie immer nur kleine Mengen an Gemüse ein. Auch wenn Sie es kühl und dunkel lagern, verliert es rasch wertvolle Vitamine und Mineralstoffe.
Eine Alternative dazu ist das Tiefgefrieren von Gemüse. Wenn Sie bei Ihrem Gemüsehändler, auf dem Wochenmarkt oder beim Bauern frisches Gemüse besonders günstig einkaufen können, sollten Sie es zuhause sofort tiefgefrieren. Vermeiden Sie langsames Auftauen im Kühlschrank, sondern erhitzen Sie gefrorene Gemüse mit einem Stich Butter oder etwas Sahne direkt in einem Topf auf dem Herd.

Gemüse zubereiten

Gemüse ist etwas sensibel und muss sanft behandelt werden, doch bei der Zubereitung darf auch experimentiert werden. Probieren Sie die folgenden Zubereitungsarten einfach aus und entdecken Sie, wie aromatisch Gemüse schmecken kann.

Foliengemüse

Ein großes Stück Alufolie entsprechend zuschneiden und die glänzende Seite dünn mit Öl bepinseln. Kleine Zucchini, Auberginen,

Tomaten oder Pilze putzen, waschen und im Ganzen darauf setzen. Nach Belieben würzen. Dann die Folie darüber schlagen und gut verschließen. Den Backofen auf 200° vorheizen und das Gemüsepäckchen darin auf der mittleren Schiene ca. 15–30 Minuten garen.

Grillgemüse

Kleine Artischocken, Gemüsezwiebeln, Paprikaschoten oder Zucchini putzen, waschen und in Scheiben, Streifen oder Spalten schneiden. Auf ein Backblech legen und mit etwas Öl bepinseln. Dann mit Kräutern und Gewürzen bestreuen. Den Backofen auf 200° vorheizen und das Gemüse darin goldbraun rösten.

Wok-Gemüse

Beliebiges Gemüse in kleine Streifen, Scheiben oder Würfel schneiden. Zuerst den Wok erhitzen. Dann etwas Öl hinzufügen und miterhitzen. Das Gemüse hineingeben und unter Rühren kurz bissfest garen. Würzen und nach Wunsch mit Sojasauce abschmecken. Geben Sie das zarteste Gemüse zuletzt in den Wok.

Gemüse trennkostgerecht kombinieren

Gemüse können Sie als Beilage zu Gerichten aus der Eiweiß- und der Kohlenhydratgruppe servieren. Mit Gemüse und anderen Nahrungsmitteln aus der neutralen Gruppe lassen sich aber auch eigenständige neutrale Hauptgerichte zubereiten, beispielsweise:

- Blumenkohl und Brokkoli mit Fontina, Rahmgouda oder Appenzeller überbacken
- Blumenkohl mit einer Rahmgouda-Sahne-Sauce und Kräutern
- Spargel mit zerlassener Butter und rohem Schinken
- Zucchini mit Ricotta-Kräuter-Füllung
- Gegrillte Paprikaschoten mit Mozzarella überbacken
- Mangoldröllchen mit Robiolafüllung
- Schwarzwurzeln mit zerlassener Butter und Bündner Fleisch
- Karotten-Cremesuppe
- Kürbis-Rahmsuppe

Früchte

Experten empfehlen, 5 Mal am Tag Salat, Gemüse und frisches Obst zu essen. Dies propagiert auch die neue Trennkost. Frische Früchte sind unverzichtbarer Teil des Trennens. Ihr Geheimnis liegt unter der Schale. Aufgrund des hohen Wasseranteils hat Obst nur wenig Kalorien und liefert jede Menge Vitamine, Mineralstoffe, sekundäre Pflanzenstoffe, Fruchtsäuren, Pektine, Gerbstoffe und leicht resorbierbare Kohlenhydrate.

Dieser Inhalt macht Früchte so wertvoll. Besonders die zahlreichen sekundären Pflanzenstoffe gewinnen immer mehr an Bedeutung. Sie werden unter anderem als Farb-, Duft- und Geschmacksstoffe in Pflanzen gebildet und fördern unsere Gesundheit. Rotes und purpurrotes Obst enthält Anthozyane (Pflanzenfarbstoffe), die als Antioxidantien wirken, also unsere Zellen vor den so genannten freien Radikalen schützen. Essen Sie regelmäßig Erdbeeren, Heidelbeeren, süße Kirschen Pflaumen, rote Äpfel und rote Weintrauben.

Die meisten Früchte sind das ganze Jahr hindurch erhältlich, doch am besten schmecken sie, wenn sie Hochsaison haben. Ob Steinobst, Kernobst, Beeren, Zitrusfrüchte oder Exoten, Obst muss frisch aussehen. Sehen Sie sich also Blütenansätze, Blätter und Stiele genau an. Die Früchte sollten außerdem angenehm duften. Frisches Obst darf weder zu hart noch zu weich sein und sollte möglichst keine Druckstellen haben. Bitten Sie Ihren Obsthändler um eine Kostprobe. Das ist zwar unüblich, aber nur so können Sie prüfen und sicher sein, dass das Obst geschmacklich hält, was das makellose Äußere verspricht.

Früchte trennkostgerecht kombinieren

In der Trennkost gehören frisch geerntetes und säurereiches Obst zur Eiweißgruppe, obwohl Früchte Basen bildener sind. Nach dem Trennkostprinzip stört der hohe Fruchtsäureanteil die Verdauung von kohlenhydratreichen Nahrungsmitteln. Dies bedingt auch die Zwitterstellung von Äpfeln: Frisch geerntet gehören sie in die Eiweißgruppe, abgelagert und mürbe wechseln sie hingegen in die Kohlenhydratgruppe.

- Beerenobst (mit Ausnahme von Heidelbeeren), Kernobst, Steinobst, Weintrauben, Zitrusfrüchte und Exoten gehören generell in die Eiweißgruppe. Sie können sie kombinieren mit:
- Käse aus der Eiweißgruppe
- Käse aus der neutralen Gruppe
- gesäuerten Milchprodukten wie Joghurt, Quark und Dickmilch
- Nüssen sowie Samen wie Mandeln, Walnüssen und Sonnenblumenkernen
- Blattsalaten
- Fleisch, Geflügel, Wild und Wildgeflügel

Eine Portion Erdbeeren, ein paar Mangospalten oder Ananasviertel bieten sich immer als Dessert nach einer eiweißreichen Mahlzeit an.

- Bananen, frische Feigen, frische Datteln, getrocknete Früchte und mürbe, süße Äpfel gehören zur Kohlenhydratgruppe. Sie lassen sich mit folgenden Produkten kombinieren:
- Getreide, Reis, Bulgur, Couscous, Hirse, Amaranth und Quinoa
- Käse aus der neutralen Gruppe
- gesäuerten Milchprodukten wie Joghurt, Quark und Dickmilch
- Nüssen sowie Samen wie Mandeln, Walnüssen, Sesamsamen und Sonnenblumenkernen

Jede kohlenhydratreiche Mahlzeit können Sie mit frischen Feigen oder Datteln, einer Banane oder Trockenfrüchten süß beenden.

Eine Ausnahme bilden Heidelbeeren und Rosinen. Sie gehören zur neutralen Gruppe und passen sowohl zu eiweißreichen als auch zu kohlenhydratreichen Nahrungsmitteln.

Kartoffeln

Unter ihrer dünnen braunen Schale stecken jede Menge Vitamin C und viele Mineralstoffe. Deshalb sollten Sie Kartoffeln möglichst schonend dämpfen und mit der Schale essen. Im Gegensatz zur landläufigen Meinung sind Kartoffeln kalorienarm. 100 g Kartoffeln liefern gerade Mal 70 Kalorien. Gerichte mit Kartoffeln werden durch die Beilagen, reichlich Sauce und fettes Bratenfleisch zu Kalorienbomben. Und auch ihre Zubereitung als Pommes frites, Chips oder Kartoffelpüree lässt den Kaloriengehalt immens steigen.

In der Light-Version, also gekocht als Salz- oder Pellkartoffeln, sind Kartoffeln ein ideales Grundnahrungsmittel, das besonders magenfreundlich ist, entwässert und Säuren im Körper bindet.

Verschiedene Kartoffeltypen

Die Speisekartoffel unterscheidet sich im Zeitpunkt ihrer Reife und Ernte in Form, Geschmack und in ihrer Kocheigenschaft. Je nach Ausprägung der Kocheigenschaft gilt eine Kartoffelsorte als fest kochend (eher längliche Knollen). Mit zunehmend runder Form sind sie vorwiegend fest kochend oder mehlig kochend. Das Gelingen eines Rezepts hängt daher immer auch von der richtigen Wahl des Kartoffeltyps ab.

Fest kochende Kartoffeln

Sie haben einen niedrigen Stärkegehalt und springen daher beim Kochen nicht auf, sondern bleiben schnittfest und feinkörnig feucht. Fest kochende Kartoffelsorten eignen sich für alle Gerichte, bei denen ein Zerfallen der Knollen unerwünscht ist, wie zum Beispiel bei Kartoffelsalaten und -gratins, Salz-, Pell- und Bratkartoffeln.
Sorten: Cilena, Exquisa, Forelle, Hansa, Linda, Nicola, Sieglinde

Vorwiegend fest kochende Kartoffeln

Sie haben einen höheren Stärkegehalt, springen aber beim Kochen nur wenig auf. Ihre Struktur ist feinkörnig und mäßig feucht. Sie

sind mittelfest bis leicht mehlig. Vorwiegend fest kochende Kartoffeln eignen sich für Salz, Pell- und Bratkartoffeln, Pommes frites, Kartoffelpuffer, Eintöpfe und Suppen.
Sorten: Agria, Berber, Christa, Désirée, Gloria, Granola, Roxy

Mehlig kochende Kartoffeln

Sie haben einen hohen Stärkegehalt und springen beim Kochen auf, dabei werden sie trocken, grobkörnig und mehlig. Mehlig kochende Kartoffeln eignen sich für Suppen und Eintöpfe, Pürees, Klöße, Kroketten und Gnocchi. Besonders große Kartoffeln bieten sich für die beliebten Folienkartoffeln an.
Sorten: Adretta, Aula, Erntestolz, Ilona, Irmgard, Panda, Likaria

Kartoffeln trennkostgerecht kombinieren

Kartoffeln gehören zur Kohlenhydratgruppe und lassen sich daher mit allen Produkten aus der neutralen Gruppe kombinieren. Besonders gesund und gut verträglich sind Kartoffeln als:

- Pellkartoffeln mit Kräuterquark
- Pellkartoffeln mit Ziegenkäse und Butter
- Pellkartoffeln mit Saint-Albray und Butter
- Pellkartoffeln mit Spargel und zerlassener Butter
- Pellkartoffeln mit gedämpftem Frühlingsgemüse
- Pellkartoffeln mit Matjesfilets und saurer Sahne
- Folienkartoffeln mit saurer Sahne, frischen Schnittlauchröllchen und gemischtem Blattsalat
- Folienkartoffeln mit saurer Sahne und Räucherlachs
- Folienkartoffeln mit Kräuterquark
- Halbierte Kartoffeln in der Schale vom Blech mit Rosmarin und Thymian oder mit Kümmelsamen
- Kartoffel-Karotten-Püree
- Kartoffel-Sellerie-Püree
- Kartoffel-Zucchini-Rösti mit Rahmgouda überbacken
- Kartoffel-Gurken- oder Kartoffel-Radieschen-Salat
- Kartoffelgratin mit Fontina überbacken

Getreide und Reis

Neben Weizen ist Reis, das Korn eines Sumpfgewächses, das wichtigste Grundnahrungsmittel. Es gibt weltweit über 10 000 Reisarten. Alle Reissorten gibt es ungeschält und geschält. Daneben wird eine Vielzahl anderer Getreidesorten angeboten, die als ganzes Korn gegart Abwechslung in den Speiseplan bringen.

Getreide und andere Körner

Getreide besteht zu 70 Prozent aus Kohlenhydraten und zu 10 Prozent aus pflanzlichem Eiweiß. Die Ballaststoffe konzentrieren sich in den äußeren Randschichten. Daneben liefert Getreide die Mineralstoffe Kalium, Phosphor, Magnesim, Kupfer sowie Eisen und die Vitamine A und E sowie Vitamine der B-Gruppe.

Buchweizen gehört botanisch zu den Knöterichgewächsen, wird jedoch dem Getreide zugeordnet. Seine wichtigsten Inhaltsstoffe sind Vitamine der B-Gruppe und Vitamin E sowie die Mineralstoffe Kalium, Kalzium, Fluor, Eisen, Magnesium und Phosphor. Sie können aus ihm Grütze, Bratlinge, Pfannkuchen und Klöße zubereiten.

Amaranth ist reich an den Vitaminen A, B_1, B_2 und C sowie den Mineralstoffen Kalzium, Kupfer, Eisen, Magnesium und Phosphor. Er enthält fast keinen Kleber und muss zum Backen mit Weizen- oder Dinkelmehl vermischt werden.

Hirse ist leicht verdaulich und gehört zu den Basenbildnern. Sie ist reich an Fluor, Kieselsäure und Eisen. Diese Getreidesorte enthält kein Klebereiweiß und ist daher für Allergiker eine gute Alternative.

Couscous ist ein arabisches Grundnahrungsmittel und wird aus gemahlenem Hartweizen oder Hirse, die zu Kügelchen gerollt werden, hergestellt. Couscous wird wie Reis und andere Getreidesorten zubereitet. Er schmeckt als Beilage und wird in Nordafrika gerne mit viel frischer Petersilie als Salat serviert.

Bulgur ist vorgekochter, gedarrter und geschroteter Weizen. Er ist grob- und feinkörnig erhältlich. In den arabischen Ländern wird Bulgur als Beilage oder Salat serviert.

Getreide trennkostgerecht kombinieren

Getreideprodukte wie Vollkornbrot und -brötchen, Vollkornflocken und geschrotetes Getreide gehören zur Kohlenhydratgruppe und lassen sich vielseitig mit Produkten aus der eigenen sowie der neutralen Gruppe kombinieren, beispielsweise:

- Vollkornbrot mit Quark und Kräutern
- Vollkornbrot mit Butter, Tomaten- oder Gurkenscheiben und Schnittlauchröllchen
- Vollkornbrot mit gerösteten Pfifferlingen und Petersilie
- geröstetes Vollkornbrot mit rohem Schinken und Appenzeller überbacken
- geröstetes Vollkornbrot mit Räucherlachstatar
- Brotsuppe mit Streifen von geräucherter Forelle oder Räucherlachs und fein gehackten Kräutern
- Vollkornflocken mit Joghurt oder Quark und Banane oder getrockneten Früchten und Nüssen
- Vollkornflocken mit Sahne und Heidelbeeren
- Vollkornflocken mit Sahne und frischen Feigen
- Frischkornmüsli mit Sahne und mürbem geraspeltem Apfel
- Frischkornmüsli mit Sahne, Rosinen und Nüssen
- Couscous mit Gemüse und Kräutern
- Couscous-Salat mit gewürfelten Tomaten und Petersilie
- Hirse-Risotto mit Pilzen
- Paprika-Pizza mit Mozzarella

Reis

Reis ist wie Getreide in seiner unverarbeiteten Form sehr wertvoll. So enthält der ungeschälte braune Reis, der so genannte Vollkornreis, in seinem Silberhäutchen reichlich Mineralstoffe, Vitamine und Ballaststoffe. Beim Schälen gehen diese allerdings verloren.

Bei der enormen Reissortenvielfalt haben Sie die Qual der Wahl. Je nach Form und Größe des Korns können Sie zwischen Langkorn-, Mittelkorn- und Rundkornreis wählen.

Die Reissorten

Langkorn- oder Patna-Naturreis bleibt beim Kochen körnig und locker und eignet sich daher gut für Salate und als Suppeneinlage.

Rundkorn-Naturreis ist kleberarm und kocht sehr weich. Er ist für süße Reisspeisen, wie beispielsweise Milchreis, ideal. Mittelkornreis hat ähnliche Kocheigenschaften wie Rundkornreis und ist die Basis für leckere Risottos.

Basmati-Naturreis ist langkörnig, besonders aromatisch und stammt aus dem Norden Indiens sowie Pakistans. Er ist am teuersten unter den verschiedenen Reissorten.

Parboiled Vollkornreis wird mit Heißdampf vorgegart und ist daher schon in 10 Minuten fertig. Das Beste: Durch die Vorbehandlung bleiben die wertvollen Inhaltsstoffe erhalten. Sie werden sozusagen im Reiskorn »versiegelt«. Er bietet sich als Alternative zum normalen Vollkornreis an, dessen Garzeit wesentlich länger ist.

Reis trennkostgerecht kombinieren

Naturreis gehört wie die Produkte aus vollem Korn zur Kohlenhydratgruppe. Er lässt sich mit Produkten aus der eigenen und der neutralen Gruppe kombinieren, zum Beispiel:

- Risotto mit Steinpilzen und Sahne
- Risotto mit Räucherlachs und Sahne
- Risotto mit Gemüsebrühe, Zuckerschoten und Spargel
- Gemüsesuppe mit Reis
- Kräuter-Cremesuppe mit Reis
- Reispfanne mit rohem Schinken und Champignons
- Zucchini mit Reis-Kräuter-Füllung und Mozzarella überbacken

Nudeln

Nudeln lassen sich vielseitig zubereiten und sind ein idealer Energiespender, besonders dann, wenn es sich um Vollkornnudeln handelt. Sie enthalten wertvolle Vitamine der B-Gruppe und liefern zudem jede Menge Ballaststoffe.

Italienische Pasta wird fast immer aus Hartweizengrieß und ohne Ei zubereitet. Wählen Sie immer Nudeln, auf denen eigens vermerkt ist, dass sie ohne Ei hergestellt wurden.

Eine gute Alternative sind Dinkelnudeln. Sie haben einen nussartigen Geschmack und werden in zahlreichen Variationen angeboten.

Nudeln trennkostgerecht kombinieren

Nudeln gehören zur Kohlenhydratgruppe und können mit Produkten aus der eigenen und der neutralen Gruppe kombiniert werden. Hier ein paar Beispiele:

- Spaghetti mit Pesto und Parmesanspänen. Dazu passt ein Tomatensalat.
- Penne mit Sahne oder Crème fraîche und Räucherlachsstreifen. Dazu passt ein gemischter Blattsalat.
- Spaghetti mit Sahne, Parmaschinken und Rucola.
- Penne mit Sahne oder Crème fraîche und grünem Spargel.
- Spaghetti mit getrockneten Tomaten, Oliven und Mozzarella.
- Pasta mit einer Pilz-Sahne-Sauce. Dazu passt ein Rucolasalat mit Tomaten.
- Pasta mit Olivenöl, Knoblauch und Chilischoten.
- Pasta mit Butter und gehobeltem Trüffel.
- Pasta mit einer Käsesauce (aus der neutralen Gruppe). Dazu passt ein gemischter Blattsalat.
- Allgäuer Käsespatzen. Dazu passt ein grüner Salat.
- Ravioli mit Ricotta-Spinat-Füllung. Dazu passt Salbeibutter.
- Ravioli mit Steinpilzfüllung. Dazu passt ein gemischter Blattsalat.
- Gemüse-Lasagne (ohne Tomaten).

Wichtig!

Nach den Trennkostregeln muss eine der beliebtesten Kombinationen, Nudeln mit Tomatensaucen, leider entfallen, denn gekochte Tomaten zählen zur Eiweißgruppe. Einen Tomatensalat hingegen können Sie zu allen Pastagerichten genießen.

Nudelsaucen

Bereiten Sie bei einem Nudelgericht immer zuerst die Sauce und dann die Nudeln zu. Denn eine Sauce lässt sich leichter wieder aufwärmen als Pasta, die möglichst noch Biss haben sollte.
Nudelsaucen lassen sich auch prima auf Vorrat kochen und portionsweise tiefgefrieren. Entweder im Topf auf dem Herd oder in der Mikrowelle auftauen und eventuell nochmals abschmecken.

Fleisch

Fleisch enthält wertvolles tierisches Eiweiß sowie wichtige Vitamine und Mineralstoffe. Trotzdem sollte man es nicht täglich essen, denn zu viel Fleisch (tierisches Eiweiß) kann unter anderem Gicht verursachen. Das gleiche gilt übrigens auch für Fleisch- und Wurstwaren, die zudem in der Regel noch jede Menge Fett und damit Kalorien liefern. Wenn Sie gerne Wurst essen, kaufen Sie lieber magere Puten- oder Geflügelwurst.

Ändern Sie Ihre Essgewohnheiten. Essen Sie immer nur ein kleines Stück Fleisch mit wenig Sauce, aber dafür eine große Portion Gemüse oder Salat dazu. Schneiden Sie sich eine dicke Scheibe Vollkornbrot ab, bestreichen Sie diese dünn mit Butter und belegen Sie das Brot nur mit einer Scheibe Wurst.

Bevorzugen Sie außerdem mageres Fleisch und schneiden Sie sichtbares Fett ab, auch wenn es gebraten noch so gut schmeckt. Da die Fleischverdauung verhältnismäßig lange dauert, ist es günstiger mittags Fleisch zu essen. Ansonsten ist Ihr Körper die halbe Nacht mit Verdauungsarbeit beschäftigt und Sie schlafen unruhig.

Topf und Pfanne

Damit Sie möglichst viele Stücke gleichzeitig anbraten können, sollte der ideale Fleischtopf breit sein. Außerdem gehört ein Deckel dazu, der fest schließt. So bleiben beim Anbraten der Dampf und das Aroma erhalten und das Fleisch trocknet nicht aus.
Am besten verwenden Sie beschichtete Pfannen. Sie benötigen dann weniger Fett zum Anbraten. Für einige Fleischsorten, wie zum Beispiel Entenbrust, ist gar kein Fett nötig. Für Steaks und andere Kurzbratstücke sind unbeschichtete, schwere Pfannen günstiger. Sie lassen sich stärker erhitzen. Das Ergebnis: Die Fleischporen schließen sich schneller und der Fleischsaft bleibt im Inneren des Bratgutes. Das Fleisch schmeckt saftiger und aus dem dabei sich bildenden Bratensatz lassen sich leckere Saucen zaubern.

Fleisch trennkostgerecht kombinieren

Fleisch zählt zur Eiweißgruppe und lässt sich daher mit Lebensmitteln innerhalb dieser Gruppe und mit neutralen Nahrungsmitteln kombinieren. Probieren Sie folgende Beispiele aus:

- Rinderrouladen mit rohem Schinken und Allgäuer Emmentaler gefüllt. Dazu passt ein gemischter Salat.
- Rindergulasch mit Tomaten, Paprikaschoten und saurer Sahne.
- Rinderschmorbraten mit Schalottenconfit (mit dem Fleisch in Wein eingeschmorten Schalotten). Dazu passt ein grünes Bohnen-Tomaten-Gemüse.
- Suppenfleisch mit Wurzelgemüse und Schnittlauchröllchen.
- Hackbraten mit Ei und Gemüse.
- Steaks mit Tomaten und Mozzarella überbacken. Dazu passt ein gemischter Salat.
- Kalbschnitzelchen mit Parmaschinken und Salbei gebraten. Dazu passt grüner Spargel.
- Kalbsschnitzel in Nuss-Panade. Dazu passt ein gemischter Salat.
- Gegrillte Lammkoteletts mit grünen Bohnen.
- Gemüseeintopf mit Hackfleischbällchen.
- Rinderfilet mit Zuckerschoten und grünem Spargel.

Geflügel

Geflügel liefert wie Fleisch wertvolles tierisches Eiweiß, Vitamine und Mineralstoffe. Trotzdem sollten Sie auch Geflügel nur in Maßen genießen. Besonders viel Fett sitzt unter der Geflügelhaut, deshalb ist es am besten, von gegrillten Hähnchen oder gebratenen Hähnchenteilen die Haut zu entfernen. Enten und Gänse sollten Sie nur ab und zu essen, denn sie sind besonders fettreich.

Beim Umgang mit Geflügel ist Vorsicht geboten. Wegen der Salmonellengefahr muss besonders hygienisch in der Küche gearbeitet und alle benutzten Küchenutensilien gründlich unter heißem Wasser gereinigt werden. Lassen Sie tiefgefrorenes Geflügel nie bei Zimmertemperatur auftauen, sondern in einem Glasgefäss gut abgedeckt über Nacht im Kühlschrank.

Geflügel trennkostgerecht kombinieren

Geflügel gehört ebenfalls zur Eiweißgruppe und lässt sich daher mit Lebensmitteln aus der eigenen und der neutralen Gruppe kombinieren. Hier einige Vorschläge:

- Puten-Cordon-bleu mit rohem Schinken und Rahmgouda. Dazu passt ein gemischter Salat.
- Hähnchen- oder Putenbrustpfanne mit Pilzen. Dazu passt ein gemischter Blattsalat.
- Gemischter Salat mit gebratener Putenbrust oder mit gebratener Geflügelleber.
- Gegrillte Putenbrustmedaillons mit Rucola-Tomaten-Salat.
- Putenschnitzel mit Tomaten und Roquefort überbacken.
- Putengeschnetzeltes mit Sahne oder Crème fraîche und Zitrusfruchtspalten. Dazu passt ein gemischter Salat.
- Gemüsesuppe mit Hähnchenbrustwürfeln.
- Geflügelrouladen mit Frischkäse-Kräuter-Füllung. Dazu passt Frühlingsgemüse.
- Geflügelbrust mit Paprika-Tomaten-Sauce.
- Geflügelsatéspießchen mit Chili-Dip.

Fisch

Fisch sollten Sie mindestens zweimal pro Woche auf den Tisch bringen, speziell Seefisch. Er liefert reichlich Jod, ein Spurenelement, das besonders wichtig für die Bildung und Aktivierung der Vorstufen des Schilddrüsenhormons Tyroxin ist.

Lachs, Hering, Sprotten und Tunfisch liefern Omega-3-Fettsäuren. Sie sind am Fett- und Cholesterinstoffwechsel beteiligt. Makrelen enthalten die Aminosäure Tyrosin. Sie ist unter anderem Ausgangsstoff für das Stresshormon Noradrenalin, das die Produktion von Insulin in der Bauchelspeicheldrüse unterdrückt und dadurch Fett zum Umbau in Energie freisetzt, was zu Gewichtsverlusten führt.

Shrimps und Garnelen versorgen uns mit der Aminosäure Taurin. Sie hilft der Hirnanhangsdrüse ihre Fett schmelzenden Hormone zu verschicken. Deshalb sollten Sie auch regelmäßig Krusten- und Schalentiere in Ihrem Speiseplan berücksichtigen.

Fisch richtig einkaufen

Fisch hat zunächst keinen Eigengeruch. Er sollte nach Meerwasser und Tang duften. Fischfilets sind frisch, wenn sie prall aussehen, glasig schimmern und keine angetrockneten Ränder haben. Bei ganzen Fischen genügt ein Blick auf die Augen. Sie sollten glasklar, leicht gewölbt und glänzend, die Haut frisch und die Kiemen nicht verklebt sein. Dass Ihr Fischhändler seine Produkte auf reichlich Eis in der Theke lagert, versteht sich von selbst.

Fisch und Trennkost

Bei der Trennkost wird Fisch in zwei Gruppen eingeteilt. Roher Fisch gehört in die neutrale Gruppe, da das Fischfleisch noch seine natürliche Struktur hat und daher nach Dr. Hay leicht verdaulich ist. Matjes, Hering, Lachs und roh marinierte Fische sind die wichtigsten Vertreter dieser Gruppe. Auch Austern, die normalerweise roh verzehrt werden, und Kaviar sind neutral.

Heiß geräucherte Fische, wie beispielsweise Makrele, Bückling, Schillerlocke, Heilbutt oder Forelle haben eine Sonderrolle. Obwohl gegart, sind diese Sorten wegen des hohen Fettgehaltes neutral. Sie sollten deshalb auch nur in Maßen gegessen werden.

Fische aus der neutralen Gruppe trennkostgerecht kombinieren

Rohen und heiß geräucherten Fisch können Sie sowohl mit Nahrungsmitteln aus der neutralen als auch der Eiweiß- und Kohlenhydratgruppe kombinieren. Dies macht sie sozusagen zum Allrounder. Hier ein paar Beispiele:

- Geräucherter Lachs mit grünem Spargel und einer Kerbel-Vinaigrette (Obstessig).
- Geräucherte Forelle mit Meerrettichsahne und einem gemischten Blattsalat mit einer Kräuter-Vinaigrette.
- Gedünstete Mangoldröllchen mit einer Füllung aus Ricotta, geräuchertem Lachs und Dill.
- Carpaccio von geräuchertem Fisch mit Rucola garniert und Meerrettich-Dip.
- Austern mit Schalotten-Vinaigrette.
- Tatar von geräuchertem Lachs mit Schalotten und Dill.
- Pellkartoffeln mit geräuchertem Lachs und Crème fraîche.
- Pellkartoffeln mit Keta-Kaviar und Crème fraîche.
- Pellkartoffeln mit Matjesfilets und saurer Sahne.
- Blini mit saurer Sahne und Keta-Kaviar.
- Ravioli mit Räucherlachsfüllung und Kräutersauce.
- Pasta mit geräuchertem Lachs oder Keta-Kaviar, Sahne und Dill.
- Reissalat mit geräuchertem Fisch.
- Sushis mit rohem Lachs, Tunfisch oder anderem rohen Fisch.

Gegarter Fisch gehört zur Eiweißgruppe. Ob pochiert, gedämpft, gebraten oder gegrillt: Garen verändert die Zellstruktur so, dass nach den Trennkostregeln der Verdauungsprozess erschwert wird. Dies gilt auch für Krusten- und Schalentiere wie Hummer, Krabben, Scampi, Muscheln und Krebse.

Fisch sollten Sie nie zu lange garen. Dadurch verliert das Fischfleisch an Festigkeit und Aroma. Wenn Sie Fisch vor dem Braten mit etwas Zitronensaft beträufeln, bleibt das Fleisch fester.

Fisch aus der Eiweißgruppe trennkostgerecht kombinieren

Fische und Meeresfrüchte aus dieser Gruppe können Sie nur mit Nahrungsmitteln aus der eigenen oder der neutralen Gruppe kombinieren, beispielsweise:

- Forelle mit Kräutern und Zitronenscheiben in der Folie gegart.
- Pochierte Seezungenröllchen auf Blattspinat.
- Kabeljaufilet in Nuss-Panade mit einem gemischtem Blattsalat.
- Pochierte Schollenfilets mit Kräuterrahm und Frühlingsgemüse.
- Gebratene Sardinen mit Petersilienbutter, Zitrone und einem gemischten Salat.
- Waller im Wurzelsud.
- Meerbarben und Gemüse vom Grill.
- Makrele im Salzteig. Dazu passt ein gemischter Salat.
- Fischgulasch mit Tomaten.
- Gegrillte Scampi mit gemischtem Blattsalat.
- Muscheln im Weißwein-Gemüse-Sud.

Eier und Käse

Ohne Eier und Käse sind viele Gerichte undenkbar – auch in der Trennkost. Beide liefern wertvolles Eiweiß und darüber hinaus natürlich auch wichtige Vitamine und Mineralstoffe. Das komplette Ei, also Eigelb und Eiweiß, zählt in der Trennkost zur Eiweißgruppe, das Eigelb alleine zur neutralen Gruppe.

Wie frisch ist das Ei?

Der Test ist ganz einfach: Legen Sie das Ei vorsichtig in ein großes Glas mit Wasser. Sinkt das Ei im Wasser nach unten und bleibt dann quer am Boden liegen, ist es sehr frisch. Richtet es sich mit dem stumpfen Ende halb auf, ist es etwa 7 Tage alt. Wenn es im Glas auf dem spitzen Ende steht, wurde es bereits innerhalb der letzten 3 Wochen gelegt und ist nur noch in gekochter Form genießbar. Treibt es an der Oberfläche, ist es älter als 3 Wochen und sollte nicht mehr verwendet werden. Das Prinzip ist ganz einfach: Je älter ein Ei ist, desto größer wird seine Luftkammer und desto mehr Auftrieb bekommt es im Wasser. Am besten achten Sie auf das Mindesthaltbarkeitsdatum auf der Packung und lagern Eier nur im Kühlschrank und verbrauche sie rasch.

Eier trennkostgerecht kombinieren

Eigelbe können Sie mit Nahrungsmitteln aus der eigenen Gruppe, der Eiweiß- und der Kohlenhydratgruppe kombinieren. Ganze Eier (Eiweiß und Eigelb) dürfen nur mit neutralen und mit eiweißreichen Lebensmitteln kombiniert werden. Das heißt, Sie können durchaus Eier beim Backen verwenden, sollten dabei jedoch nur das Eigelb und nicht das Eiweiß verwenden.

- Zum Überbacken von Gemüse können Sie Sahne mit Eigelb und geriebenem Käse aus der neutralen Gruppe vermischen.
- Für neutrale Rühreier können Sie Eigelb mit etwas Mineralwasser oder Sahne verquirlen und wie üblich ein gestocktes Ei mit Gemüse (keine Tomaten), Käse (nur aus der neutralen Gruppe), Pilzen, Kräutern oder rohem Schinken zubereiten.
- Mit ganzen Eiern können Sie beliebige Eiergerichte mit Nahrungsmitteln aus der neutralen und der Eiweißgruppe zubereiten.
- Zum Backen sollten Sie nur das Eigelb verwenden. In diesem Fall benötigen Sie für den Teig etwas mehr Flüssigkeit.

Käse wurde bisher in der Trennkost nur nach dem Fettgehalt unterschieden. Da laut Dr. Hay gesäuerte Nahrungsmittel jedoch leichter verdaulich und damit neutral sind, erfolgte eine Erweiterung der Käsesorten in dieser Gruppe.

Käse aus der Eiweißgruppe

Käsesorten, die zur Eiweißgruppe gehören, enthalten weniger als 60 % Fett i. Tr. Sie sind aus nicht gesäuerter Milch hergestellt, die pasteurisiert, also vor der Verarbeitung erhitzt worden ist. Deshalb sind diese Käse etwas schwerer verdaulich als die gesäuerten. Folgende Käsesorten zählen zur Eiweißgruppe und können mit allen anderen Lebensmitteln der Eiweiß- und der neutralen Gruppe kombiniert werden:

- Allgäuer Bergkäse, Bel Paese, Bergader Edelpilzkäse, Bergkäse, Biarom, Bierkäse, einige Blauschimmelkäse, (z.B. Bleu D'Auvergne, Blue Stilton), Bonbel, Burländer, Butterkäse, Cantadou, Cantal, Cheddar, Chester, Chorherrenkäse, Danbo, Donautaler, Emild, Esrom, Fol Epi, Fontal, Gorgonzola, Gotland, Grünländer, Hälsinge, Harvati, Höhlenkäse, Illertaler, Jausenkäse, Maasdamer, Mondseer, Monghidoro, Moosbacher, Münsterkäse, Old Amsterdam, Original Sennkäse, Paladin, Pecorino, Pikantje von Gouda, Rottaler, Salzburger Bauernkäse, Trappistenkäse, Trollskäs.

Käse aus der neutralen Gruppe

Käsesorten, die zur neutralen Gruppe gehören, sind dagegen aus naturbelassener roher Milch geschöpft, durch Milchsäurebakterien gesäuert. Die Milch ist also vor der Herstellung ausgeflockt und damit leichter verdaulich.
Neutrale Käse können mit allen Nahrungsmitteln aus der Eiweiß-, der Kohlenhydrat- und der neutralen Gruppe kombiniert werden. Bei einer Kombination mit kohlenhydratreichen Nahrungsmitteln sollten Sie dann aber auf Milch, Eiweiß von ganzen Eiern, gekochte Tomaten, gegartes Fleisch, Geflügel, gegarten Fisch, gegarte Krusten- und Schalentiere, frisches Obst, Wein und Sekt verzichten.

Neutraler Schnittkäse

- Allgäuer Emmentaler, Appenzeller, Fontina, Halloumi, Majorero, Morbier, Pyrenäenkäse, Raclette, Reblochon, Tomme des Savoie, Wörishofener, Rahmgouda.

▶ Diese Käsesorten eignen sich gut als Brotbelag und zum Überbacken.

Neutraler Hartkäse

- Beaufort, Comté, Fiore Sardo, Grana padano, Gruyère, Grüntener, Idiazàbal, Jurasic, Kefalotiry, Manchego, Montasio, Original Parmesan (Parmigiano-Reggiano), Provolone, Sbrinz Switzerland, Urtaler.

▶ Diese Sorten passen frisch gerieben gut zu Pastagerichten.

Neutraler Weichkäse

- Amalthée, Banon Chèvre, einige Blauschimmelkäse, (z. B. Bavaria Blue, Blue Bayou, Bresse Bleu, Cambozola, Castello Blue, Danablu), Bonifaz, Brie de Meaux (anderer Brie ist pasteurisiert), Brocciu, Cabrales, Camembert, Feta, Geramont, Mont d'or, Munster und Ziegenmünster, Roquefort, Saint-Albray.

▶ Diese Sorten eignen sich als Brotbelag und für Käseplatten.

Neutraler Sauermilch- und Frischkäse

- Bresso, Handkäse, Harzer Roller, Korbkäse, Tiroler Graukäse, Körniger Frischkäse, Mascarpone, Mozzarella, Picandou Fermier, Ricotta, alle Sorten von Ziegenfrischkäse.

▶ Diese Käsesorten eignen sich gut als Brotbelag, teils zu Pellkartoffeln und teils auch zum Überbacken.

Nahrungsmittel im Überblick

Sie möchten sich trennkostgerecht ernähren und rasch informieren? Hier finden Sie auf einen Blick im farbigen Kästchen in der rechten Spalte die Gruppenzugehörigkeit ausgesuchter Nahrungsmittel. Zusätzlich gibt es Infos über den Kaloriengehalt pro Portion und pro 100 g. In der vierten Spalte finden Sie den Fettgehalt pro 100 g. Alle Kalorien- und Fettangaben beziehen sich jeweils auf den verzehrbaren Anteil des Lebensmittels.

Zeichenerklärung:

Neutrale Gruppe		N
Eiweißgruppe		E
Kohlenhydratgruppe		KH
Nur in Spuren enthalten:	+	
Keine Daten vorhanden:	*	
In der Trennkost nicht empfohlen:	(–)	

Nahrungsmittel	kcal pro Portion	kcal pro 100 g	Fett pro 100 g	Gruppe
Milch & Milchprodukte				
Milch				
H-Milch, 3,5 % Fett	128 (200 ml)	64	3,5 g	E
H-Milch, 1,5 % Fett	94 (200 ml)	47	1,5 g	E
H-Milch, entrahmt	70 (200 ml)	35	0,1 g	E
Rohmilch, Vorzugsmilch	134 (200 ml)	67	3,8 g	E
Trinkmilch, 3,5 % Fett	128 (200 ml)	64	3,5 g	E
Trinkmilch, 1,5 % Fett	94 (200 ml)	47	1,5 g	E
Trinkmilch, entrahmt	70 (200 ml)	35	0,1 g	E
Schafmilch	97 (100 ml)	97	6,3 g	E
Ziegenmilch	69 (100 ml)	69	3,9 g	E
Milchprodukte				
Buttermilch	70 (200 ml)	35	0,5 g	N
Crème double, 40 % Fett	102 (25 g)	408	43,0 g	N
Crème fraîche, 30 % Fett	75 (25 g)	297	30,3 g	N
Dickmilch, 3,5 % Fett	92 (150 g)	61	3,5 g	N
Dickmilch, entrahmt	48 (150 g)	32	0,1 g	N

Nahrungsmittel	kcal pro Portion	kcal pro 100 g	Fett pro 100 g	Gruppe
Joghurt, natur, 3,5% Fett	92 (150g)	61	3,5g	N
Joghurt, natur, 1,5% Fett	66 (150g)	44	1,5g	N
Joghurt, natur, mager	48 (150g)	32	0,1g	N
Sahnejoghurt, 10% Fett	180 (150g)	120	10,0g	N
Kefir, 3,5% Fett	92 (150g)	61	3,5g	N
Kondensmilch, 4% Fett	13 (10g)	128	4,1g	E
Kondensmilch, 7,5% Fett	13 (10g)	133	7,6g	E
Kondensmilch, 10% Fett	18 (10g)	176	10,1g	E
Kondensmagermilch	8 (10g)	83	0,2g	E
Molke, süß	48 (200ml)	24	0,2g	N
Sahne, sauer, 10% Fett	29 (25g)	117	10,5g	N
Sahne, sauer, 18% Fett	47 (25g)	187	18,0g	N
Sahne, sauer (Schmand), 24% Fett	60 (25g)	239	24,0g	N
Sahne, süß (Kaffeerahm), 10% Fett	12 (10g)	123	10,5g	N
Sahne, süß, 30% Fett	77 (25g)	309	31,7g	N
Käse				
Frischkäse				
Frischkäse (Rahmfrischkäse), 50% Fett i. Tr.	85 (30g)	284	23,6g	N
Frischkäse (Doppelrahmfrischkäse), 60% Fett i. Tr.	102 (30g)	340	31,5g	N
Frischkäsezubereitung mit Kräutern, 20% Fett i. Tr.	40 (30g)	134	7,5g	N
Frischkäsezubereitung mit Kräutern, 60% Fett i. Tr.	75 (30g)	251	23,0g	N
Frischkäse, körniger	20 (25g)	81	2,9g	N
Mascarpone, über 80% Fett i. Tr.	138 (30g)	460	47,5g	N
Mozzarella (Büffelmilch), 45% Fett i. Tr.	127 (50g)	255	19,8g	N
Mozzarella (Kuhmilch)	113 (50g)	227	16,1g	N
Ricotta	85 (30g)	284	17,0g	N
Robiola, 75% Fett i. Tr.	100 (30g)	333	33,0g	N
Schichtkäse, 10% Fett i. Tr.	22 (25g)	88	2,4g	N

Nahrungsmittel	kcal pro Portion	kcal pro 100 g	Fett pro 100 g	Gruppe
Schichtkäse, 20% Fett i. Tr.	27 (25g)	110	5,0g	N
Schichtkäse, 40% Fett i. Tr.	40 (25g)	160	11,3g	N
Schichtkäse, 50% Fett i. Tr.	44 (25g)	175	14,5g	N
Speisequark, mager	18 (25g)	72	0,3g	N
Speisequark, 20% Fett i. Tr.	27 (25g)	109	5,1g	N
Speisequark, 40% Fett i. Tr.	40 (25g)	160	11,4g	N
Gereifter Käse				
Appenzeller, 20% Fett i. Tr.	61 (25g)	244	12,0g	N
Appenzeller, 50% Fett i. Tr.	96 (25g)	386	31,6g	N
Bavaria Blue, 70% Fett i. Tr.	103 (25g)	413	40,0g	E
Bel Paese, 50% Fett i. Tr.	93 (25g)	373	30,2g	E
Bergkäse, 45% Fett i. Tr.	96 (25g)	386	30,0g	E
Brie, 60% Fett i. Tr.	86 (25g)	345	27,9g	N
Butterkäse, 30% Fett i. Tr.	61 (25g)	244	15,4g	E
Butterkäse, 60% Fett i. Tr.	95 (25g)	380	34,7g	N
Camembert, 30% Fett i. Tr.	54 (25g)	216	13,5g	N
Camembert, 45% Fett i. Tr.	71 (25g)	285	22,3g	N
Camembert, 60% Fett i. Tr.	94 (25g)	378	34,0g	N
Chester (Cheddar), 50% Fett i. Tr.	99 (25g)	397	32,2g	E
Edamer, 30% Fett i. Tr.	62 (25g)	251	16,2g	E
Edamer, 45% Fett i. Tr.	88 (25g)	354	28,3g	E
Edelpilzkäse, 50% Fett i. Tr.	89 (25g)	355	29,8g	E
Emmentaler, 45% Fett i. Tr.	100 (25g)	398	31,2g	N
Feta (Schafkäse), 45% Fett i. Tr.	117 (50g)	234	18,1g	N
Gorgonzola, 50% Fett i. Tr.	90 (25g)	360	31,0g	E
Gouda, 40% Fett i. Tr.	75 (25g)	300	24,7g	E
Gouda 50% Fett i. Tr.	89 (25g)	358	29,6g	E
Gruyère, 45% Fett i. Tr.	100 (25g)	399	32,1g	N
Harzer Korbkäse, 0,5% Fett i. Tr.	31 (25g)	126	0,7g	N
Hobelkäse, 50% Fett i. Tr.	118 (25g)	474	38,0g	E
Jarlsberg, 45% Fett i. Tr.	87 (25g)	349	26,9g	E
Kochkäse, 10% Fett i. Tr.	25 (25g)	101	3,0g	E

Nahrungsmittel	kcal pro Portion	kcal pro 100g	Fett pro 100g	Gruppe
Kochkäse, 40% Fett i. Tr.	47 (25g)	187	13,9g	E
Leerdamer, 45% Fett i. Tr.	88 (25g)	352	27,6g	E
Limburger, 20% Fett i. Tr.	91 (50g)	183	8,6g	N
Limburger, 40% Fett i. Tr.	133 (50g)	267	19,7g	N
Lindenberger, 45% Fett i. Tr.	96 (25g)	386	30,0g	E
Mainzer Handkäse, 0,5% Fett i. Tr.	31 (25g)	126	0,7g	N
Mercando, 40% Fett i. Tr.	86 (25g)	345	25,2g	N
Morbier, 40% Fett i. Tr.	74 (25g)	297	22,4g	N
Münsterkäse, 45% Fett i. Tr.	72 (25g)	290	22,6g	E
Münsterkäse, 55–60% Fett i. Tr.	80 (25g)	321	26,3g	E
Parmesan, Original	94 (25g)	375	25,8g	N
Provolone, 50% Fett i. Tr.	91 (25g)	365	28,9g	N
Pyrenäenkäse, 50% Fett i. Tr.	89 (25g)	356	29,6g	N
Raclette, 48% Fett i. Tr.	86 (25g)	343	28,0g	N
Reibekäse, 45% Fett i. Tr.	96 (25g)	386	30,0g	E
Romadur, 20% Fett i. Tr.	93 (50g)	187	9,0g	E
Romadur, 30% Fett i. Tr.	113 (50g)	226	14,1g	E
Romadur, 45% Fett i. Tr.	147 (50g)	294	23,1g	E
Romadur, 50% Fett i. Tr.	156 (50g)	313	25,7g	E
Roquefort, 50% Fett i. Tr.	91 (25g)	366	31,0g	N
Steppenkäse, 45% Fett i. Tr.	81 (25g)	325	25,4g	E
Tête de Moine, 50% Fett i. Tr.	96 (25g)	386	32,0g	E
Tilsiter, 30% Fett i. Tr.	67 (25g)	270	17,2g	E
Tilsiter, 45% Fett i. Tr.	89 (25g)	386	27,7g	E
Trappistenkäse, 45% Fett i. Tr.	85 (25g)	342	26,8g	E
Trappistenkäse, 50% Fett i. Tr.	92 (25g)	370	30,7g	E
Weinkäse, 20% Fett i. Tr.	49 (25g)	196	9,3g	E
Weinkäse, 45% Fett i. Tr.	74 (25g)	295	23,0g	E
Weißlacker, 45% Fett i. Tr.	90 (25g)	362	26,0g	E
Westberg, 45% Fett i. Tr.	88 (25g)	352	27,6g	E
Ziegenschnittkäse, 48% Fett i. Tr.	82 (25g)	329	27,0g	E
Ziegenweichkäse, 45% Fett i. Tr.	70 (25g)	280	21,8g	N

Nahrungsmittel	kcal pro Portion	kcal pro 100g	Fett pro 100g	Gruppe
Eier				
Hühnerei (Vollei, ohne Schale)	156 (100g)	156	11,3g	E
1 Hühnerei (Gew.-Kl. M)	90 (Stck.)	156	11,3g	E
1 Hühnerei (Gew.-Kl. S)	75 (Stck.)	156	11,3g	E
1 Eigelb (mittelgroß)	67 (19g)	353	31,9g	N
1 Eiweiß (mittelgroß)	15 (33g)	46	0,2g	E
Fette und Öle				
Pflanzliche Fette und Öle				
Diätmargarine	72 (10g)	772	80,0g	N
Halbfettmargarine	37 (10g)	368	40,0g	N
Margarine	72 (10g)	772	80,0g	N
Mayonnaise, 50% Fett	98 (20g)	490	52,0g	N
Mayonnaise, 80% Fett	145 (20g)	727	78,9g	N
Distelöl (Safloröl)	90 (10ml)	899	99,9g	N
Kürbiskernöl	90 (10ml)	900	100,0g	N
Leinöl	89 (10ml)	896	99,5g	N
Maiskeimöl	90 (10ml)	899	99,9g	N
Olivenöl	90 (10ml)	897	99,6g	N
Palmöl	90 (10ml)	898	99,8g	N
Rapsöl	90 (10ml)	900	100,0g	N
Sesamöl	45 (5ml)	896	99,5g	N
Sojaöl	90 (10ml)	899	99,9g	N
Traubenkernöl	90 (10ml)	900	100,0g	N
Sonnenblumenöl	90 (10ml)	898	99,8g	N
Walnussöl	45 (5ml)	896	99,5g	N
Weizenkeimöl	90 (10ml)	900	100,0g	N
Tierische Fette				
Butter (Süß- und Sauerrahmbutter)	75 (10g)	754	83,2g	N
Halbfettbutter	39 (10g)	388	39,8g	N
Butterschmalz	90 (10g)	897	99,5g	N
Gänseschmalz	90 (10g)	896	99,5g	N
Schweineschmalz	90 (10g)	898	99,7g	N

Nahrungsmittel	kcal pro Portion	kcal pro 100 g	Fett pro 100 g	Gruppe
Mayonnaise & Remoulade				
Mayonnaise, 50% Öl	98 (20g)	490	52,0g	N
Mayonnaise, 80% Öl	145 (20g)	727	78,9g	N
Remoulade, 50% Öl	100 (20g)	502	52,0g	N
Remoulade, 80% Öl	155 (20g)	774	82,0g	N
Fisch & Meeresfrüchte				
Seefische				
Anglerfisch (Seeteufel)	99 (150g)	66	0,7g	E
Blauleng	114 (150g)	76	0,7g	E
Dornhai	271 (150g)	181	14,5g	E
Flunder	108 (150g)	72	0,7g	E
Grenadier	114 (150g)	76	0,7g	E
Heilbutt	144 (150g)	96	1,7g	E
Hering	349 (150g)	233	17,8g	E
Heringsfilet	310 (150g)	207	15,0g	E
Kabeljau (Dorsch)	114 (150g)	76	0,6g	E
Kabeljaufilet	102 (150g)	68	+	E
Katfisch (Steinbeißer)	121 (150g)	81	2,0g	E
Lengfisch	121 (150g)	81	0,6g	E
Makrele	270 (150g)	180	11,6g	E
Meerbarbe	147 (150g)	98	2,0g	E
Petersfisch	127 (150g)	85	1,4g	E
Rochen	141 (150g)	94	1,3g	E
Rotbarsch (Goldbarsch)	157 (150g)	105	3,6g	E
Rotzunge	108 (150g)	72	1,1g	E
Sardelle	151 (150g)	101	2,3g	E
Sardine	177 (150g)	118	4,5g	E
Schellfisch	115 (150g)	77	0,6g	E
Scholle	129 (150g)	86	0,7g	E
Schwertfisch	175 (150g)	117	4,4g	E
Seehecht	136 (150g)	91	2,5g	E

+ nur in Spuren enthalten

Nahrungsmittel	kcal pro Portion	kcal pro 100 g	Fett pro 100 g	Gruppe
Seelachs (Köhler)	121 (150g)	81	0,9g	E
Seezunge	124 (150g)	81	0,9g	E
Sprotte	324 (150g)	216	16,6g	E
Steinbutt	123 (150g)	82	1,7g	E
Tunfisch	339 (150g)	226	15,5g	E
Süßwasserfische				
Aal (Flussaal)	421 (150g)	281	24,5g	E
Barsch (Flussbarsch)	121 (150g)	81	0,8g	E
Brasse	174 (150g)	116	5,5g	E
Felchen	150 (150g)	100	3,2g	E
Forelle (Bachforelle)	153 (150g)	102	2,7g	E
Hecht	123 (150g)	82	0,9g	E
Karpfen	172 (150g)	115	4,8g	E
Lachs (Salm)	303 (150g)	202	13,6g	E
Renke	150 (150g)	100	3,2g	E
Schleie	115 (150g)	77	0,7g	E
Waller (Wels)	244 (150g)	163	11,3g	E
Zander	124 (150g)	83	0,7g	E
Fischwaren				
Aal, geräuchert	329 (100g)	329	28,6g	N
Bismarckhering	315 (150g)	210	16,0g	N
Brathering	306 (150g)	204	15,2g	E
Bückling	336 (150g)	224	15,5g	N
Flunder, geräuchert	165 (150g)	110	1,9g	N
Forelle, geräuchert	192 (150g)	128	3,3g	N
Katfisch, geräuchert	202 (150g)	135	4,0g	N
Kaviar, deutscher	11 (10g)	115	6,5g	N
Kaviar, russischer	24 (10g)	244	15,5g	N
Lachs, geräuchert	289 (100g)	289	19,4g	N
Makrele, geräuchert	333 (150g)	222	15,5g	N
Matjesheringsfilet	160 (60g)	267	22,6g	N
Rotbarsch, geräuchert	218 (150g)	145	5,5g	N

Nahrungsmittel	kcal pro Portion	kcal pro 100g	Fett pro 100g	Gruppe
Salzhering	327 (150g)	218	15,4g	N
Schellfisch, geräuchert	140 (150g)	93	0,5g	N
Schillerlocke	302 (100g)	302	24,1g	N
Seeaal, geräuchert	250 (150g)	167	7,0g	N
Seelachs, geräuchert	147 (150g)	98	0,8g	N
Tunfisch in Öl	283 (100g)	283	20,9g	E
Meeresfrüchte, Krusten- und Weichtiere				
Austern	33 (50g)	66	1,2g	E
Garnelen (Speisekrabben)	109 (125g)	87	1,4g	E
Hummer	101 (125g)	81	1,9g	E
Krebs (Flusskrebs)	81 (125g)	65	0,1g	E
Languste	105 (125g)	84	1,1g	E
Miesmuscheln (Pfahlmuscheln)	51 (100g)	51	0,5g	E
Pilgermuscheln	63 (100g)	63	0,1g	E
Steckmuscheln (Klaffmuschel)n	54 (100g)	54	1,3g	E
Tintenfisch	85 (125g)	68	0,9g	E
Weinbergschnecken	37 (50g)	73	1,0g	E
Fleisch				
Kalbfleisch				
Brust	196 (150g)	131	6,3g	E
Filet	142 (150g)	95	1,4g	E
Haxe	147 (150g)	98	1,6g	E
Keule (Schlegel)	145 (150g)	97	1,6g	E
Kotelett	168 (150g)	112	3,1g	E
Muskelfleisch (ohne Fett)	142 (150g)	95	3,7g	E
Schnitzel	148 (150g)	99	1,8g	E
Bries	99 (100g)	99	3,4g	E
Herz	114 (100g)	114	5,1g	E
Leber	195 (150g)	130	4,1g	E
Lunge	90 (100g)	90	2,2g	E
Niere	128 (100g)	128	6,4g	E
Zunge	128 (100g)	128	6,2g	E

Nahrungsmittel	kcal pro Portion	kcal pro 100 g	Fett pro 100 g	Gruppe
Lammfleisch				
Filet	168 (150g)	112	3,4g	E
Keule (Schlegel)	351 (150g)	234	18,0g	E
Kotelett	348 (100g)	348	32,0g	E
Lende	291 (150g)	194	13,2g	E
Muskelfleisch (ohne Fett)	175 (150g)	117	3,7g	E
Schnitzel	196 (150g)	131	6,1g	E
Herz	158 (100g)	158	10,0g	E
Leber	199 (150g)	133	4,0g	E
Zunge	194 (100g)	194	14,8g	E
Rindfleisch				
Filet	181 (150g)	121	4,0g	E
Filet, roh (Carpaccio)	60 (50g)	121	4,0g	E
Hochrippe (dicke Rippe, Rostbraten)	241 (150g)	161	8,9g	E
Kamm (Hals)	225 (150g)	150	8,1g	E
Keule (Schlegel)	222 (150g)	148	7,1g	E
Lende (Roastbeef)	195 (150g)	130	4,5g	E
Muskelfleisch (ohne Fett)	153 (150g)	102	1,9g	E
Ochsenschwanz	184 (100g)	184	11,5g	E
Hackfleisch	216 (100g)	216	14,0g	E
Tatar	112 (100g)	112	3,0g	N
Herz	124 (100g)	124	6,0g	E
Leber	181 (150g)	121	2,1g	E
Zunge	209 (100g)	209	15,9g	E
Schweinefleisch				
Bug (Schulter)	406 (150g)	271	22,5g	E
Eisbein (Hinterhaxe)	279 (150g)	186	12,2g	E
Filet	156 (150g)	104	2,0g	E
Kamm	286 (150g)	191	13,8g	E
Kasseler	355 (150g)	237	17,0g	E
Keule (Schlegel, Hinterschinken)	411 (150g)	274	22,9g	E
Kotelett	225 (150g)	150	7,6g	E

Nahrungsmittel	kcal pro Portion	kcal pro 100 g	Fett pro 100 g	Gruppe
Mett	318 (100 g)	318	27,5 g	E
Schnitzel (Oberschale)	159 (150 g)	106	1,9 g	E
Herz	89 (100 g)	89	2,1 g	E
Leber	186 (150 g)	124	4,5 g	E
Niere	96 (100 g)	96	3,2 g	E
Zunge	198 (100 g)	198	15,7 g	E
Fleisch- & Wurstwaren				
Bierschinken	25 (15 g)	169	11,4 g	E
Bierwurst	35 (15 g)	236	11,0 g	E
Blutwurst, einfache	45 (15 g)	301	29,0 g	N
Bockwurst	222 (80 g)	277	25,3 g	E
Bratwurst (Kalb)	213 (80 g)	266	25,0 g	E
Bratwurst (Schwein)	238 (80 g)	298	28,8 g	E
Bündner Fleisch	13 (5 g)	264	11,0 g	N
Cabanossi	176 (50 g)	353	32,5 g	E
Cervelatwurst	59 (15 g)	394	34,8 g	N
Cornedbeef (amerikanisch)	45 (20 g)	225	13,0 g	E
Cornedbeef (deutsch)	21 (15 g)	141	6,0 g	E
Fleischkäse	45 (15 g)	297	27,5 g	E
Fleischwurst	44 (15 g)	296	28,5 g	E
Frankfurter Würstchen	218 (80 g)	272	24,4 g	E
Gänsebrust, geräuchert	38 (20 g)	190	10,0 g	E
Geflügelwurst, mager	16 (15 g)	108	4,8 g	E
Geflügelsülze	16 (20 g)	73	3,0 g	E
Gelbwurst	28 (10 g)	281	26,9 g	E
Hackfleisch (halb und halb)	260 (100 g)	260	20,0 g	E
Jagdwurst	31 (15 g)	205	16,2 g	E
Kalbsleberwurst	70 (20 g)	344	31,9 g	E
Knackwurst	240 (80 g)	300	28,0 g	E
Krakauer	57 (15 g)	383	37,0 g	E
Lachsschinken	16 (10 g)	156	3,0 g	N
Landjäger	188 (40 g)	470	42,7 g	N

Nahrungsmittel	kcal pro Portion	kcal pro 100 g	Fett pro 100 g	Gruppe
Leberpastete	63 (20 g)	314	28,6 g	E
Leberwurst, grob	65 (20 g)	326	29,2 g	E
Leberwurst, mager	51 (20 g)	257	21,0 g	E
Mettwurst, roh geräuchert	78 (20 g)	390	37,2 g	N
Mortadella	52 (15 g)	345	32,8 g	E
Münchner Weißwurst	230 (80 g)	287	27,0 g	E
Polnische	304 (100 g)	304	24,4 g	E
Rotwurst	45 (15 g)	301	29,0 g	E
Salami	37 (10 g)	371	33,0 g	N
Schinken, gekocht	58 (30 g)	193	12,8 g	E
Schinken, roh geräuchert	38 (10 g)	383	35,0 g	N
Schinkenwurst	39 (15 g)	261	23,0 g	E
Speck, durchwachsen	62 (10 g)	621	65,0 g	N
Teewurst	83 (20 g)	413	40,0 g	N
Wiener Würstchen	148 (50 g)	296	28,3 g	E
Fleischbrühen				
Klare Brühe (Instant)	10 (200 ml)	242	12,0 g	N
Klare Gemüsebrühe (Instant)	8 (200 ml)	229	6,0 g	N
Klare Hühner-Bouillon	22 (200 ml)	338	15,3 g	E
Rinds-Bouillon	12 (200 ml)	300	20,0 g	E
Geflügel				
Ente	340 (150 g)	227	17,2 g	E
Gans	513 (150 g)	342	31,0 g	E
Huhn (Brathuhn)	166 (100 g)	166	9,6 g	E
Brathuhn, Brust mit Haut	217 (150 g)	145	6,2 g	E
Brathuhn, Keule mit Haut	261 (150 g)	174	11,2 g	E
Huhn (Suppenhuhn)	257 (100 g)	257	20,3 g	E
Suppenhuhn, Herz	124 (100 g)	124	5,3 g	E
Suppenhuhn, Leber	136 (100 g)	136	4,7 g	E
Pute, Brust ohne Haut	157 (150 g)	105	1,0 g	E
Pute, Keule ohne Haut	171 (150 g)	114	3,6 g	E
Pute, Herz	122 (100 g)	122	4,0 g	E

Nahrungsmittel	kcal pro Portion	kcal pro 100 g	Fett pro 100 g	Gruppe
Pute, Leber	147 (100g)	147	5,0g	E
Puter (Truthahn), ausgewachsen	324 (150g)	216	15,0g	E
Puter (Truthahn), jung	226 (150g)	151	6,8g	E
Stubenküken	116 (100g)	116	3,2g	E
Kaninchen, Wild & Wildgeflügel				
Fasan	255 (150g)	170	3,0g	E
Hase	169 (150g)	113	3,0g	E
Hirsch	168 (150g)	112	3,3g	E
Kaninchen	228 (150g)	152	7,6g	E
Rebhuhn	216 (150g)	144	7,0g	E
Reh, Keule (Schlegel)	145 (150g)	97	1,3g	E
Reh, Rücken	183 (150g)	122	3,6g	E
Taube	169 (100g)	169	9,5g	E
Wachtel	154 (150g)	103	2,0g	E
Wildente	202 (150g)	135	4,0g	E
Wildgans	186 (150g)	124	4,0g	E
Wildschwein	169 (150g)	113	2,0g	E
Sonstige Fleischsorten				
Pferd	107 (100g)	107	2,7g	E
Ziege	149 (100g)	149	7,9g	E
Getreide & Mehl				
Amaranth	37 (10g)	370	8,8g	KH
Buchweizen, Grütze	34 (10g)	337	1,6g	KH
Buchweizen, Korn, geschält	34 (10g)	341	1,7g	KH
Buchweizen, Mehl	35 (10g)	354	2,7g	KH
Bulgur	30 (10g)	302	2,0g	KH
Burgul	30 (10g)	302	2,0g	KH
Couscous	35 (10g)	354	3,9g	KH
Gerste, Graupen	34 (10g)	338	1,4g	KH
Gerste, Korn, entspelzt	31 (10g)	315	2,1g	KH
Gerste, Vollkornmehl	35 (10g)	348	1,9g	KH
Getreide, Sprossen, frisch	17 (25g)	68	0,4g	N

Nahrungsmittel	kcal pro Portion	kcal pro 100 g	Fett pro 100 g	Gruppe
Grünkern (Dinkel), Korn	32 (10g)	324	2,7g	KH
Grünkern, Mehl (Dinkelmehl)	34 (10g)	336	2,5g	KH
Hafer, Korn, entspelzt	34 (10g)	337	7,1g	KH
Haferflocken (Instant)	35 (10g)	351	7,7g	KH
Haferflocken (Vollkorn)	35 (10g)	352	7,0g	KH
Haferkleie	31 (10g)	310	8,5g	KH
Hirse, Korn, entspelzt	35 (10g)	354	3,9g	KH
Mais, Grieß (Polentagrieß)	34 (10g)	339	1,1g	KH
Mais, Korn	33 (10g)	331	3,8g	KH
Mais, Mehl	33 (10g)	326	2,8g	KH
Quinoa	34 (10g)	338	5,0g	KH
Roggen, Flocken	31 (10g)	307	1,7g	KH
Roggen, Korn	30 (10g)	296	1,7g	KH
Roggenmehl, Type 815	32 (10g)	321	1,0g	KH
Roggenmehl, Type 997	31 (10g)	312	1,1g	KH
Roggenmehl, Type 1150	32 (10g)	319	1,3g	KH
Roggen, Vollkornmehl (Backschrot)	29 (10g)	293	1,5g	KH
Roggenkeime	40 (10g)	400	11,2g	KH
Speisekleie	18 (10g)	176	4,3g	KH
Triticale (Weizenart)	33 (10g)	329	2,5g	KH
Weizen, Grieß	33 (10g)	328	1,0g	KH
Weizen, Korn	31 (10g)	308	2,0g	KH
Weizenmehl, Type 405	33 (10g)	335	1,0g	KH
Weizenmehl, Type 550	34 (10g)	337	1,1g	KH
Weizenmehl, Type 1050	33 (10g)	331	1,8g	KH
Weizen, Vollkornmehl (Backschrot)	30 (10g)	302	2,0g	KH
Weizenkleie	18 (10g)	178	4,7g	KH
Stärkemehle				
Kartoffelstärke	34 (10g)	336	0,1g	KH
Maisstärke	35 (10g)	346	0,1g	KH
Reisstärke	34 (10g)	343	0,1g	KH
Weizenstärke	35 (10g)	347	0,1g	KH

Nahrungsmittel	kcal pro Portion	kcal pro 100 g	Fett pro 100 g	Gruppe
Brot & Brötchen				
Baguette	26 (10 g)	260	0,7 g	KH
Knäckebrot	38 (10 g)	318	1,5 g	KH
Knäckebrot mit Getreide und Früchten (Müsli-Knäckebrot)	50 (15 g)	355	5,0 g	KH
Knäckebrot mit Sesam	53 (13 g)	390	10,0 g	KH
Laugenbrezel/-brötchen	113 (50 g)	226	1,8 g	KH
Mehrkornbrot	97 (45 g)	216	1,6 g	KH
Pumpernickel	92 (50 g)	185	1,0 g	KH
Roggenbrot	99 (45 g)	219	1,0 g	KH
Roggenbrötchen	110 (50 g)	220	1,0 g	KH
Roggenmischbrot	95 (45 g)	212	1,1 g	KH
Roggenvollkornbrot	88 (45 g)	195	1,2 g	KH
Vollkornbrot mit Sonnenblumenkernen	104 (45 g)	231	3,9 g	KH
Weißbrot	59 (25 g)	236	1,2 g	KH
Weizenbrötchen	137 (50 g)	274	1,9 g	KH
Weizenmischbrot	101 (45 g)	224	1,1 g	KH
Weizenvollkornbrot	92 (45 g)	204	1,0 g	KH
Weizentoastbrot	79 (30 g)	262	4,5 g	KH
Frühstücksflocken (Fertigprodukte)				
Corn Flakes (Die Originalen)	169 (30 g)*	368	1,0 g	KH
Corn Flakes (Mehrkorn & Früchte)	198 (40 g)*	351	2,5 g	KH
Corn Flakes (Vollkorn)	155 (30 g)*	318	2,0 g	KH
Corn Flakes (Vollkorn & Früchte)	200 (40 g)*	353	5,0 g	KH
Nudeln & Reis				
Nudeln				
Teigwaren mit Ei, ungekocht	180 (50 g)	360	3,0 g	KH
Teigwaren mit Ei, gekocht	174 (125 g)	139	3,0 g	KH
Teigwaren ohne Ei, ungekocht	181 (50 g)	362	1,2 g	KH
Teigwaren ohne Ei, gekocht	181 (125 g)	145	1,2 g	KH
Vollkornnudeln	172 (50 g)	343	3,0 g	KH

* mit 1/2 l fettarmer Milch

Nahrungsmittel	kcal pro Portion	kcal pro 100 g	Fett pro 100 g	Gruppe
Reis				
Reis (Naturreis), entspelzt	173 (50g)	347	2,2g	KH
Reis, poliert, ungekocht	174 (50g)	349	0,6g	KH
Reis, poliert, parboiled, ungekocht	172 (50g)	344	0,5g	KH
Reis, poliert, parboiled, gekocht	132 (125g)	106	0,2g	KH
Reis, Mehl	35 (10g)	352	0,7g	KH
Gemüse				
Artischocke	22 (100g)	22	0,1g	N
Aubergine	26 (150g)	17	0,2g	N
Avocado	221 (100g)	221	23,5g	N
Batate (Süßkartoffel)	215 (200g)	107	0,5g	KH
Bleichsellerie	30 (200g)	15	0,2g	N
Blumenkohl	33 (150g)	22	0,3g	N
Bohnen, grüne	48 (150g)	32	0,2g	N
Brokkoli	39 (150g)	26	0,2g	N
Chayote	55 (200g)	27	*	N
Chicorée	32 (200g)	16	0,2g	N
Chinakohl	18 (150g)	12	0,3g	N
Erbsen, grüne	105 (150g)	70	0,3g	N
Fenchel	36 (150g)	24	0,3g	N
Frühlingszwiebel	23 (100g)	23	0,5g	N
Gemüsebananen	157 (100g)	157	*	KH
Grünkohl	55 (150g)	37	0,9g	N
Gurke	12 (100g)	12	0,2g	N
Ingwer, gerieben	3 (5g)	61	0,8g	N
Karotten	25 (100g)	25	0,2g	N
Kartoffeln	140 (200g)	70	0,1g	KH
Knoblauch	4 (3g)	135	0,1g	N
Knollensellerie	27 (150g)	18	0,3g	N
Kohlrabi	36 (150g)	24	0,1g	N
Kohlrübe	51 (150g)	34	0,1g	N

* keine Daten vorhanden

Nahrungsmittel	kcal pro Portion	kcal pro 100 g	Fett pro 100 g	Gruppe
Kürbis	39 (150 g)	26	0,1 g	N
Lauch	37 (150 g)	25	0,2 g	N
Mangold	21 (150 g)	14	0,3 g	N
Maniok	270 (100 g)	270	*	KH
Meerrettich, gerieben	6 (10 g)	63	0,3 g	N
Möhren	25 (100 g)	25	0,2 g	N
Paksoi	18 (150 g)	12	*	N
Palmherzen	35 (100 g)	35	*	N
Paprikaschote	30 (150 g)	20	0,2 g	N
Pastinake	58 (100 g)	58	0,3 g	N
Petersilienwurzel	40 (100 g)	40	0,3 g	N
Porree	37 (150 g)	25	0,3 g	N
Radieschen	14 (100 g)	14	0,1 g	N
Rettich	21 (150 g)	14	0,2 g	N
Rhabarber	19 (150 g)	13	0,1 g	E
Rosenkohl	54 (150 g)	36	0,3 g	N
Rote Bete	62 (150 g)	41	0,1 g	N
Rotkohl	31 (150 g)	21	0,2 g	N
Schwarzwurzel	24 (150 g)	16	0,4 g	N
Spargel	45 (250 g)	18	0,1 g	N
Spinat	22 (150 g)	15	0,2 g	N
Stangensellerie	30 (200 g)	15	0,2 g	N
Süßkartoffel	162 (150 g)	108	0,6 g	KH
Tomate	17 (100 g)	17	0,1 g	N
Topinambur	60 (200 g)	30	0,4 g	N
Weiße Rübchen (Navetten)	37 (150 g)	25	0,2 g	N
Weißkohl	36 (150 g)	24	0,2 g	N
Wirsing	37 (150 g)	25	0,4 g	N
Zucchini	38 (200 g)	19	0,4 g	N
Zuckermais, frisch, gedämpft	54 (100 g)	54	1,2 g	N
Zwiebeln	7 (25 g)	28	0,3 g	N

* keine Daten vorhanden

Nahrungsmittel	kcal pro Portion	kcal pro 100 g	Fett pro 100 g	Gruppe
Salate & Kräuter				
Brunnenkresse	9 (50g)	18	0,3g	N
Chicorée	15 (100g)	15	0,2g	N
Dill	1 (3g)	60	0,1g	N
Eichblattsalat	12 (125g)	10	0,4g	N
Eisbergsalat	16 (125g)	13	0,3g	N
Endiviensalat	18 (125g)	14	0,2g	N
Feldsalat	17 (125g)	14	0,4g	N
Gartenkresse	3 (10g)	33	0,7g	N
Kopfsalat	15 (125g)	12	0,2g	N
Löwenzahn	27 (100g)	27	0,6g	N
Petersilie	5 (10g)	50	0,4g	N
Portulak	5 (50g)	11	0,3g	N
Radicchio	16 (125g)	13	0,2g	N
Römersalat (Bindesalat)	25 (125g)	20	0,2g	N
Rucola	30 (125g)	24	0,7g	N
Sauerampfer	12 (50g)	25	0,4g	N
Schnittlauch	3 (10g)	27	0,7g	N
Sprossen & Keimlinge				
Alfalfasprossen (Luzerne)	8 (25g)	31	0,7g	N
Bambussprossen	4 (25g)	17	0,3g	N
Getreidesprossen	17 (25g)	68	0,4g	N
Bohnensprossen	8 (25g)	34	0,7g	N
Kichererbsensprossen	36 (25g)	144	0,7g	N
Sojabohnenkeimlinge	12 (25g)	49	1,0g	N
Zucht- & Waldpilze				
Austernpilze	21 (150g)	11	0,1g	N
Birkenpilze	27 (150g)	18	0,6g	N
Butterpilze	18 (150g)	12	0,4g	N
Champignons	31 (150g)	21	0,2g	N
Egerlinge	31 (150g)	21	0,2g	N
Morcheln	15 (100g)	15	0,3g	N

Nahrungsmittel	kcal pro Portion	kcal pro 100 g	Fett pro 100 g	Gruppe
Pfifferlinge, frisch	22 (150 g)	15	0,5 g	N
Pfifferlinge, getrocknet	13 (10 g)	126	2,2 g	N
Reizker	18 (100 g)	18	0,7 g	N
Rotkappe	18 (100 g)	18	0,8 g	N
Shiitake	48 (150 g)	32	0,6 g	N
Steinpilze, frisch	40 (150 g)	27	0,4 g	N
Steinpilze, getrocknet	16 (10 g)	163	3,2 g	N
Trüffel	3 (5 g)	70	0,5 g	N
Hülsenfrüchte				
Bohnenkerne, weiß	71 (30 g)	238	1,6 g	(–)
Dicke Bohnen	93 (30 g)	309	2,0 g	(–)
Erbsen, grün und gelb	81 (30 g)	269	1,4 g	(–)
Kichererbsen	92 (30 g)	306	5,9 g	(–)
Kidneybohnen	82 (30 g)	275	1,4 g	(–)
Limabohnen	82 (30 g)	275	1,4 g	(–)
Linsen	81 (30 g)	270	1,5 g	(–)
Mungobohnen	81 (30 g)	269	1,2 g	(–)
Saubohnen	93 (30 g)	309	2,0 g	(–)
Sojabohnen	102 (30 g)	339	18,3 g	(–)
Sojamehl	36 (10 g)	361	20,6 g	E
Tofu	41 (50 g)	83	4,7 g	E
Samen & Nüsse				
Cashewkerne	57 (10 g)	569	42,0 g	N
Erdnüsse	57 (10 g)	570	48,1 g	N
Erdnüsse, geröstet	59 (10 g)	588	49,4 g	N
Haselnüsse	65 (10 g)	647	61,0 g	N
Kastanien	98 (50 g)	196	1,9 g	KH
Kokosnuss	91 (25 g)	363	36,5 g	N
Kokosraspel	61 (10 g)	606	62,0 g	N
Leinsamen, ungeschält	20 (5 g)	393	30,9 g	N
Macadamianüsse	69 (10 g)	687	73,0 g	N

(–) in der Trennkost nicht empfohlen

Nahrungsmittel	kcal pro Portion	kcal pro 100g	Fett pro 100g	Gruppe
Mandeln	58 (10g)	577	54,0g	N
Mohnsamen	49 (10g)	492	42,2g	N
Paranüsse	67 (10g)	673	67,0g	N
Pekannüsse	70 (10g)	703	72,0g	N
Pinienkerne	67 (10g)	674	60,0g	N
Pistazienkerne	62 (10g)	618	51,6g	N
Sesamsamen	57 (10g)	574	50,0g	N
Sonnenblumenkerne, geschält	60 (10g)	596	49,0g	N
Walnusskerne	67 (10g)	666	62,0g	N
Wasserkastanien	13 (20g)	65	14,0g	N
Früchte				
Ananas	82 (150g)	55	0,2g	E
Äpfel, saftig	81 (150g)	54	0,6g	E
Äpfel, mürbe	81 (150g)	54	0,6g	KH
Apfelsinen	63 (150g)	42	0,2g	E
Aprikosen	65 (150g)	43	0,1g	E
Avocado	221 (100g)	221	23,5g	N
Bananen	141 (150g)	94	0,2g	KH
Birnen	83 (150g)	55	0,3g	E
Blaubeeren	46 (125g)	37	0,6g	N
Boysenbeeren	60 (125g)	48	0,5g	E
Brombeeren	55 (125g)	44	0,2g	E
Cherimoya	62 (100g)	62	0,3g	E
Erdbeeren	80 (250g)	32	0,4g	E
Feigen, frisch	30 (50g)	60	0,4g	KH
Granatapfel	74 (100g)	74	0,6g	E
Grapefruits	90 (200g)	45	0,2g	E
Guave	34 (100g)	34	0,5g	E
Hagebutten	94 (100g)	94	0,6g	E
Heidelbeeren, Kultur-	104 (125g)	83	0,5g	N
Heidelbeeren, Wild-	46 (125g)	37	0,6g	N
Himbeeren	41 (125g)	33	0,3g	E

Nahrungsmittel	kcal pro Portion	kcal pro 100 g	Fett pro 100 g	Gruppe
Holunderbeeren	51 (100 g)	51	1,7 g	E
Jackfrucht	70 (100 g)	70	0,4 g	E
Johannisbeeren, rot	41 (125 g)	33	0,2 g	E
Johannisbeeren, schwarz	49 (125 g)	39	0,2 g	E
Johannisbeeren, weiß	38 (125 g)	30	+	E
Kaki	108 (150 g)	72	0,3 g	E
Kaktusfeigen	32 (100 g)	32	0,7 g	E
Kapstachelbeeren	72 (100 g)	72	1,1 g	E
Karambole (Sternfrucht)	23 (100 g)	23	0,5 g	E
Kirschen, sauer	66 (125 g)	53	0,5 g	E
Kirschen, süß	79 (125 g)	63	0,3 g	E
Kumquats	64 (100 g)	64	0,3 g	E
Limonen	20 (50 g)	39	2,4 g	E
Litchis	75 (100 g)	75	0,3 g	E
Loganbeeren	64 (100 g)	64	0,7 g	E
Mandarinen	23 (50 g)	46	0,3 g	E
Mango	89 (150 g)	59	0,5 g	E
Maracuja	63 (100 g)	63	0,4 g	E
Mirabellen	84 (125 g)	67	0,2 g	E
Moosbeeren	30 (100 g)	30	0,7 g	E
Nektarine	80 (150 g)	53	0,1 g	E
Oliven, grün, mariniert	13 (10 g)	133	13,3 g	N
Oliven, schwarz, mariniert	35 (10 g)	351	35,8 g	N
Orangen	63 (150 g)	42	0,2 g	E
Papaya	26 (200 g)	13	0,1 g	E
Passionsfrucht	63 (100 g)	63	0,4 g	E
Pfirsich	65 (150 g)	43	0,1 g	E
Pflaumen	74 (150 g)	49	0,2 g	E
Physalis (Kapstachelbeeren)	72 (100 g)	72	1,1 g	E
Preiselbeeren	35 (100 g)	35	0,5 g	E
Quitte	38 (100 g)	38	0,5 g	E

+ nur in Spuren enthalten

Nahrungsmittel	kcal pro Portion	kcal pro 100 g	Fett pro 100 g	Gruppe
Rambutan	63 (100 g)	63	0,4 g	E
Reineclauden	84 (150 g)	56	+	E
Sanddornbeeren	87 (100 g)	87	7,1 g	E
Schlehen	47 (100 g)	47	*	E
Stachelbeeren	46 (125 g)	37	0,2 g	E
Tamarillo	56 (100 g)	56	0,8 g	E
Tamarinde	238 (100 g)	238	0,2 g	KH
Weintrauben	102 (150 g)	68	0,3 g	E
Zitronen	18 (50 g)	36	0,6 g	E
Trockenfrüchte				
Äpfel	51 (20 g)	255	1,6 g	KH
Aprikosen	48 (20 g)	240	0,5 g	KH
Bananen	33 (10 g)	326	0,8 g	KH
Birnen	43 (20 g)	213	1,8 g	KH
Datteln	55 (20 g)	277	0,5 g	KH
Feigen	49 (20 g)	247	1,3 g	KH
Korinthen	26 (10 g)	259	*	N
Pfirsiche	49 (20 g)	244	0,6 g	KH
Pflaumen	44 (20 g)	222	0,6 g	KH
Sultaninen	27 (10 g)	266	*	N
Rosinen	29 (10 g)	292	0,6 g	N
Frucht- & Gemüsesäfte				
Fruchtsäfte				
Ananassaft	106 (200 ml)	53	0,1 g	E
Apfelsaft	114 (200 ml)	57	+	E
Apfelsinensaft, frisch gepresst	92 (200 ml)	46	0,2 g	E
Apfelsinensaft, Handelsware, ungesüßt	88 (200 ml)	44	0,2 g	E
Brombeersaft	76 (200 ml)	38	0,6 g	E
Grapefruitsaft	72 (200 ml)	36	0,1 g	E

+ nur in Spuren enthalten

* keine Daten vorhanden

Nahrungsmittel	kcal pro Portion	kcal pro 100 g	Fett pro 100 g	Gruppe
Himbeersaft, frisch gepresst	56 (200 ml)	28	0,3 g	E
Holunderbeerensaft	76 (200 ml)	38	*	E
Johannisbeersaft, rot	100 (200 ml)	50	0,2 g	E
Johannisbeersaft, schwarz	110 (200 ml)	55	0,2 g	E
Kirschsaft	132 (200 ml)	66	+	E
Mandarinensaft	92 (200 ml)	46	0,3 g	E
Maracujasaft	120 (200 ml)	60	+	E
Orangensaft, frisch gepresst	92 (200 ml)	46	0,2 g	E
Orangensaft, Handelsware, ungesüßt	88 (200 ml)	44	0,2 g	E
Sanddornbeerensaft	80 (200 ml)	40	2,3 g	E
Traubensaft	136 (200 ml)	68	+	E
Zitronensaft	3 (10 ml)	27	0,1 g	E
Gemüsesäfte				
Gemüsesaft	30 (200 ml)	15	+	N
Karottensaft	44 (200 ml)	22	+	N
Rote-Bete-Saft	72 (200 ml)	36	+	N
Sauerkrautsaft	12 (100 ml)	12	+	N
Selleriesaft	64 (200 ml)	32	+	N
Spinatsaft	9 (100 ml)	9	0,1 g	N
Tomatensaft	34 (200 ml)	17	0,1 g	N
Getränke				
Altbier	86 (200 ml)	43	0 g	KH
Apfelwein	90 (200 ml)	45	*	E
Bier, Helles	94 (200 ml)	47	0 g	KH
Bockbier	124 (200 ml)	62	0 g	KH
Champagner	83 (100 ml)	83	*	E
Cognac	44 (2 cl)	221	*	N
Fruchtwein	74 (100 ml)	74	*	E
Gin	60 (2 cl)	300	*	N

+ nur in Spuren enthalten

* keine Daten vorhanden

Nahrungsmittel	kcal pro Portion	kcal pro 100 g	Fett pro 100 g	Gruppe
Kölsch	84 (200 ml)	42	0 g	KH
Likör	33 (2 cl)	166	*	KH
Madeira	85 (5 cl)	170	*	E
Magenbitter (Kräuterlikör)	55 (2 cl)	277	*	N
Malzbier	96 (200 ml)	48	0 g	KH
Obstbranntwein	50 (2 cl)	248	*	N
Pils	105 (250 ml)	42	*	KH
Portwein	80 (5 cl)	160	*	E
Reiswein	60 (5 cl)	120	*	E
Rotwein, trocken	134 (200 ml)	67	*	E
Rum	80 (2 cl)	400	*	N
Schnaps (Korn)	35 (2 cl)	177	*	N
Sekt	83 (100 ml)	83	*	E
Sherry, trocken	55 (5 cl)	110	*	E
Starkbier (Doppelbock)	150 (250 ml)	60	*	KH
Weinbrand	48 (2 cl)	240	*	N
Weißwein, trocken	130 (200 ml)	65	*	E
Weizenbier (Hefeweizen)	92 (200 ml)	46	0 g	KH
Whisky	99 (4 cl)	247	*	N
Süßungsmittel				
Ahornsirup	41 (15 g)	270	*	KH
Apfeldicksaft	39 (15 g)	262	*	KH
Birnendicksaft	42 (15 g)	278	*	KH
Fruchtzucker	40 (10 g)	400	0 g	KH
Frutilose	43 (15 g)	290	*	KH
Honig	49 (15 g)	327	0 g	KH
Sanddornsirup, gesüßt	65 (20 g)	325	0 g	KH
Sanddornvollfruchtkonzentrat	60 (25 g)	240	0 g	KH
Traubenzucker	40 (10 g)	400	0 g	KH
Zucker, weiß und braun	40 (10 g)	400	0 g	KH
Zuckerrübensirup	54 (20 g)	268	*	KH

* keine Daten vorhanden

Nahrungsmittel	kcal pro Portion	kcal pro 100 g	Fett pro 100 g	Gruppe
Süßwaren und Knabberartikel				
Schokolade				
Bitterschokolade	120 (25g)	480	30g	(–)
Haselnussschokolade	139 (25g)	555	36g	(–)
Joghurtschokolade	139 (25g)	555	36g	(–)
Mandelschokolade	137 (25g)	550	37g	(–)
Marzipanschokolade	126 (25g)	505	30g	(–)
Mokka-Sahneschokolade	142 (25g)	570	38g	(–)
Noisetteschokolade	117 (25g)	470	33g	(–)
Vollmilchschokolade	134 (25g)	535	30g	(–)
Zartbitter-Sahneschokolade	130 (25g)	520	34g	(–)
Süßigkeiten				
Baiser-Ostereier	195 (50g)	390	0g	(–)
Bonbons	20 (5g)	400	0g	(–)
Erfrischungsstäbchen	41 (10g)	415	12g	(–)
Geleefrüchte	170 (50g)	340	0g	(–)
Gummibären	170 (50g)	340	0g	(–)
Kandierte Früchte	125 (50g)	250	0g	(–)
Karamellen	20 (5g)	400	0g	(–)
Kokosflocken	70 (15g)	467	20g	(–)
Lakritzschnecken	145 (50g)	290	0g	(–)
Marzipan	245 (50g)	490	24g	(–)
Marzipankartoffeln	25 (5g)	500	20g	(–)
Nougat	250 (50g)	500	24g	(–)
Popcorn, süß	150 (40g)	375	5g	(–)
Pralinen	55 (12g)	458	17g	(–)
Rumkugeln	80 (20g)	400	10g	(–)
Schaumzuckerwaren	175 (50g)	350	0g	(–)
Schoko-Linsen	49 (10g)	490	0g	(–)
Weinbrand-Kirsche	40 (11g)	364	18g	(–)
Weingummi	35 (10g)	350	0g	(–)

(–) in der Trennkost nicht empfohlen

Nahrungsmittel	kcal pro Portion	kcal pro 100 g	Fett pro 100 g	Gruppe
Gewürze und Würzzutaten				
Cornichons	15 (100 g)	15	+	N
Gewürzgurken	25 (100 g)	25	+	N
Ingwer, frisch gerieben	3 (5 g)	61	+	N
Kapern, eingelegt	1 (10 g)	10	0 g	N
Knoblauch	4 (3 g)	135	+	N
Mango Chutney	15 (10 g)	150	+	(–)
Meerettich, aus dem Glas	15 (8 g)	187	12 g	N
Meerettich, frisch gerieben	3 (5 g)	63	+	N
Mixed Pickles	20 (100 g)	20	+	N
Sahne-Meerrettich, aus dem Glas	85 (25 g)	340	32 g	N
Schalotten	4 (10 g)	40	+	N
Senf, mittelscharf	10 (8 g)	125	+	N
Tomatenketchup	20 (20 g)	100	+	(–)
Tomatenpaprika, eingelegt	17 (50 g)	34	0 g	N
Worcestershiresauce	+	+	+	N
Zitronensaft	3 (10 ml)	27	+	E
Zwiebel	7 (25 g)	28	+	N
Backzutaten				
Backaroma	4 (2 ml)	200	0 g	N
Backoblaten	1 (2 g)	50	0 g	KH
Backpulver	15 (17 g)	88	0 g	KH
Blockschokolade	550 (100 g)	550	32 g	(–)
Hefe	35 (42 g)	120	0 g	N
Kuvertüre, halbbitter	280 (50 g)	560	27 g	(–)
Mohnsamen	49 (10 g)	492	42,2 g	N
Orangeat	305 (100 g)	305	1,0 g	KH
Paniermehl (Semmelbrösel)	30 (10 g)	300	0 g	KH
Vanillezucker	30 (8 g)	375	0 g	KH
Zitronat	285 (100 g)	285	1,0 g	KH

+ nur in Spuren enthalten

(–) in der Trennkost nicht empfohlen

Kombinationstabelle

Hier finden Sie praktische Beispiele für Kombinationen aus den drei verschiedenen Trennkostgruppen für den Alltagsgebrauch. In der ersten Spalte sind diejenigen **Lebensmittel** aufgeführt, die bei der täglichen Nahrung eine wesentliche Rolle spielen beziehungsweise häufig verwendet werden. Die zweite, schmale Spalte daneben gibt an, zu welcher Trennkostgruppe diese Nahrungsmittel gehören. In der dritten Spalte sind Lebensmittelbeispiele aufgeführt, die sich damit trennkostgerecht kombinieren lassen (siehe auch Seite 25–31 Der Trennplan) und in der vierten Spalte daneben steht, zu welcher Gruppe diese Lebensmittel gerechnet werden.

Nahrungsmittel	Gruppe	kombinierbar mit	Gruppe
Neutrale Kombinationen			
Gemüse, beispielsweise Auberginen, Blumenkohl, grüne Bohnen, Brokkoli, Chicorée, Chinakohl, Fenchel, Gurken etc.	N	Butter, kaltgepresstem Öl, Sahne, Crème fraîche, Schnittkäse, wie beispielsweise Allgäuer Emmentaler, Appenzeller und Fontina, Weichkäse, wie zum Beispiel Ziegenkäse und Roquefort, Bündner Fleisch, rohem Schinken, Nüssen und Samen, Pilzen, Sprossen und Keimen, Kräutern und Gewürzen	N
Blattsalate, beispielsweise Eisbergsalat, Endiviensalat, Feldsalat, Rucola, Römersalat, Radicchio etc.	N	kaltgepresstem Öl, Obstessig, Joghurt, saurer Sahne, Schnittkäse, wie beispielsweise Rahmgouda, Hartkäse, wie zum Beispiel Gruyère, Weichkäse, wie beispielsweise Feta und Camembert, Lachsschinken, Nüssen und Samen, Pilzen, Sprossen und Keimen, Kräutern und Gewürzen	N
Pilze, beispielsweise Austernpilze, Egerlinge, Champignons, Pfifferlinge etc.	N	Butter, kaltgepresstem Öl, Obstessig, Sahne, rohem Schinken, Kräutern und Gewürzen	N

Nahrungsmittel	Gruppe	kombinierbar mit	Gruppe
Sprossen und Keime, beispielsweise Alfalfasprossen, Sojabohnenkeimlinge, Mungosprossen etc.	N	Butter, kaltgepresstem Öl, Obstessig, Nüssen und Samen, Gemüse, Kräutern und Gewürzen	N
Gesäuerte Milchprodukte, beispielsweise Joghurt, Quark, saure Sahne, Dickmilch, Kefir etc.	N	Radieschen, Gurke, Tomaten, Paprikaschoten, rohem Schinken, Kräutern und Gewürzen, Heidelbeeren, Rosinen	N
Schnittkäse, beispielsweise Morbier, Pyrenäenkäse, Fontina, Wörishofer etc.	N	kaltgepresstem Öl, Tomaten, Paprikaschoten, Radieschen, Oliven, Keimen und Sprossen, Kräutern und Gewürzen	N
Hartkäse, beispielsweise Comté, Gruyère, Parmesan, Provolone etc.	N	Butter, kaltgepresstem Öl, Blumenkohl, Brokkoli, Fenchel, Tomaten, Paprikaschoten, Kräutern und Gewürzen	N
Weichkäse, beispielsweise Brie de Meaux, Camembert, Feta, Roquefort etc.	N	Butter, kaltgepresstem Öl, Obstessig, Blattsalaten, Oliven, Kräutern und Gewürzen	N
Sauermilch und Frischkäse, beispielsweise Harzer Roller, Mozzarella, Ricotta etc.	N	kaltgepresstem Öl, Obstessig, Zwiebeln, Gemüse, Tomaten, Blattsalaten, Kräutern und Gewürzen	N
Wurstwaren, beispielsweise Bündner Fleisch, roher Schinken, Lachsschinken etc.	N	Butter, kaltgepresstem Öl, Obstessig, Gemüse, Spargel, Blattsalaten, Kräutern und Gewürzen	N

Nahrungsmittel	Gruppe	kombinierbar mit	Gruppe
Fischwaren, beispielsweise Räucherlachs, Matjeshering, geräucherte Forelle, Schillerlocke, Makrele, Kaviar, Sprotte etc.	N	kaltgepresstem Öl, Obstessig, Jogurt, saurer Sahne, Dickmilch, Crème fraîche, Blattsalaten, Spargel, Frühlingszwiebeln, Kräutern und Gewürzen	N
Eiweißreiche Kombinationen			
Kalbfleisch, beispielsweise Kalbsschnitzel, Kalbsröllchen, Kalbsmedaillons, Kalbsgeschnetzeltes etc.	E	Butter, kaltgepresstem Öl, Sahne, Crème fraîche, rohem Schinken, Schnittkäse, wie beispielsweise Rahmgouda und Fontina, Gemüse, Blattsalaten, Pilzen, Nüssen, Kräutern und Gewürzen	N
		Käse bis 45 % Fett i. Tr., beispielsweise Edamer und Gouda, Käse bis 60 % Fett i. Tr., beispielsweise Allgäuer Bergkäse und Bel Paese, Eiern, Wein	E
Lammfleisch, beispielsweise Lammfilet, Lammkeule, Lammkoteletts etc.	E	Butter, kaltgepresstem Öl, Sahne, Crème fraîche, Weichkäse, wie beispielsweise Feta, Gemüse, Blattsalaten, Kräutern und Gewürzen	N
		Käse bis 45 % Fett i. Tr., beispielsweise Edamer und Gouda, Käse bis 60 % Fett i. Tr., beispielsweise Cheddar und Gorgonzola, Wein	E
Rindfleisch, beispielsweise Rinderfilet, Rinderschmorbraten, Rinderrouladen, Rinderleber, Steaks etc.	E	Butter, kaltgepresstem Öl, Sahne, Crème fraîche, rohem Schinken, Schnittkäse, wie beispielsweise Allgäuer Emmentaler, Gemüse, Pilzen, Kräutern und Gewürzen	N
		Käse bis 45 % Fett i. Tr., beispielsweise Edamer und Gouda, Käse bis 60 % Fett i. Tr., beispielsweise Allgäuer Bergkäse, Aceto balsamico, Wein	E

Nahrungsmittel	Gruppe	kombinierbar mit	Gruppe
Schweinefleisch, beispielsweise Schweinefilet, Schweineschnitzel, Schweinemedaillons etc. **(bitte nur ab und zu!)**	E	Butter, kaltgepresstem Öl, Sahne, Crème fraîche, rohem Schinken, Weichkäse, wie beispielsweise Roquefort und Saint-Albray, Frischkäse, wie zum Beispiel Mozzarella, Gemüse, Blattsalaten, Pilzen, Nüssen, Kräutern und Gewürzen	N
		Käse bis 45 % Fett i. Tr., beispielsweise Edamer und Gouda, Käse bis 60 % Fett i. Tr., beispielsweise Bel Paese und Gorgonzola, Eiern, Wein	E
Geflügel, beispielsweise Hähnchenbrust, Putenschnitzel, Entenbrust etc.	E	Butter kaltgepresstem Öl, Sahne, Crème fraîche, rohem Schinken, Schnittkäse, wie beispielsweise Rahmgouda, Hartkäse, wie zum Beispiel Parmesan und Gruyère, Gemüse, Blattsalaten, Pilzen, Nüssen, Kräutern und Gewürzen	N
		Käse bis 45 % Fett i. Tr., beispielsweise Edamer und Gouda, Käse bis 60 % Fett i. Tr. beispielsweise Allgäuer Bergkäse, Zitrusfrüchten, Eiern, Wein	E
Wild, beispielsweise Rehrücken, Rehsteaks, Kaninchen Hirschmedaillons, Wildschwein etc.	E	Butter, kaltgepresstem Öl, Sahne, Crème fraîche, Gemüse, Blattsalaten, Pilzen, Kräutern und Gewürzen	N
		Weintrauben und Zitrusfrüchten, Wein	E
Wildgeflügel, beispielsweise Rebhuhn, Wachteln etc.	E	Butter, kaltgepresstem Öl, Sahne, Crème fraîche, Gemüse, Blattsalaten, Pilzen, Kräutern und Gewürzen	N
		Beerenobst und Weintrauben, Wein	E
Seefische, beispielsweise Kabeljaufilet, Meerbarbe, Peters-	E	Butter, kaltgepresstem Öl, Sahne, Crème fraîche, rohem Schinken, Magerspeck, Gemüse, Blattsalaten, Pilzen, Nüssen,	N

Nahrungsmittel	Gruppe	kombinierbar mit	Gruppe
fisch, Rotbarsch, Sardine, Schellfisch, Scholle, Schwertfisch, Tintenfisch etc.		Kräutern und Gewürzen, Remoulade	
		Zitronen, Eiern, Wein	E
Süßwasserfische, beispielsweise Felchen, Forelle, Karpfen, Lachs, Renke etc.	E	Butter, kaltgepresstem Öl, Sahne, Crème fraîche, Gemüse, Blattsalaten, Pilzen, Kräutern und Gewürzen	N
		Zitronen, Wein	E
Meeresfrüchte, beispielsweise Austern, Garnelen, Langusten, Muscheln etc.	E	kaltgepresstem Öl, Gemüse, Blattsalaten, Knoblauch, Kräutern und Gewürzen, Mayonnaise	N
		Zitronen, Wein	E
Beerenobst	E	Joghurt, Quark, Buttermilch, Dickmilch, Kefir, Crème fraîche, Sahne, Ziegenkäse, Mascarpone, Nüssen und Samen, Kräutern, wie beispielsweise Minze und Zitronenmelisse	N
		anderen Früchten (außer Heidelbeeren, Bananen, mürben Äpfeln und frischen Feigen), Wein, Eiern	E
Kernobst, beispielsweise saftige Äpfel und Birnen	E	Joghurt, Quark, Dickmilch, Crème fraîche, Sahne, Hartkäse, wie beispielsweise Gruyère und Comté, Weichkäse, wie zum Beispiel Camembert und Roquefort Bündner Fleisch und rohem Schinken, Nüssen und Samen	N
		anderen Früchten (außer Heidelbeeren, Bananen, mürben Äpfeln und frischen Feigen), Käse bis 45 % Fett i. Tr., beispielsweise Edamer und Gouda, Käse bis 60 % Fett i. Tr., beispielsweise Allgäuer Bergkäse Wein, Eiern	E

Nahrungsmittel	Gruppe	kombinierbar mit	Gruppe
Steinobst, beispielsweise süße Kirschen, Aprikosen, Nektarinen, Pfirsiche und Pflaumen	E	Joghurt, Quark, Dickmilch, Crème fraîche, Sahne, Schnittkäse, wie beispielsweise Rahmgouda und Tomme de Savoie, Frischkäse, wie zum Beispiel Mascarpone, Nüssen und Samen	N
		anderen Früchten (außer Heidelbeeren, Bananen, mürben Äpfeln und frischen Feigen), Käse bis 45% Fett i. Tr., beispielsweise Edamer und Gouda, Käse bis 60% Fett i. Tr., beispielsweise Gorgonzola und Andechser Rahmkäse, Wein, Eiern	E
Zitrusfrüchte, beispielsweise Orangen und Mandarinen	E	Joghurt, Quark, Dickmilch, Crème fraîche, Sahne, Schnittkäse, wie beispielsweise Allgäuer Emmentaler und Appenzeller, Blattsalaten, Nüssen und Samen, Kräutern und Gewürzen	N
		anderen Früchten (außer Heidelbeeren, Bananen, mürben Äpfeln und frischen Feigen), Käse bis 45% Fett i. Tr., beispielsweise Edamer und Gouda, Käse bis 60% Fett i. Tr., beispielsweise Gorgonzola und Bergkäse, Fisch und Meeresfrüchten, Geflügel, Wild und Wildgeflügel, Wein	E
Exotische Früchte, beispielsweise Ananas, Kiwi und Mango	E	Joghurt, Quark, Dickmilch, Crème fraîche, Sahne, Weichkäse, wie zum Beispiel Ziegenkäse und Brie de Meaux, Blattsalaten, Nüssen und Samen, Kokosmilch,	N
		anderen Früchten (außer Heidelbeeren, Bananen, mürben Äpfeln und frischen Feigen), Käse bis 45% Fett i. Tr., beispielsweise Edamer und Gouda, Käse bis 60% Fett i. Tr., beispielsweise Gorgonzola	E

Nahrungsmittel	Gruppe	kombinierbar mit	Gruppe
		und Pecorino, Geflügel, Wild und Wildgeflügel, Wein, Prosecco	
Eier (Vollei)	E	Butter, Milch, Mineralwasser, Schnittkäse, wie beispielsweise Appenzeller und Thurgauer, Bündner Fleisch und rohem Schinken, Räucherlachs und geräucherter Forelle, Spargel, Tomaten, Paprikaschoten, Pilzen, Kräutern und Gewürzen	N
		Käse bis 45 % Fett i. Tr., beispielsweise Edamer und Gouda, Käse bis 60 % Fett i. Tr., beispielsweise Allgäuer Bergkäse, Fleisch wie Schnitzel und Fischfilet	E
Milch	E	Quark, Eigelb, Kräutern und Gewürzen	N
		Früchten (bis auf Bananen und mürben Äpfeln), Eiern	E
Käse bis 45 % Fett i. Tr., beispielsweise Edamer und Tilsiter, Käse bis 60 % Fett i. Tr., beispielsweise Bel Paese, Cheddar und Esrom	E	Butter, Crème fraîche, Sahne, Bündner Fleisch, rohem Schinken und Salami, Gemüse, wie beispielsweise Blumenkohl, Brokkoli und Zucchini, Blattsalaten, Pilzen, Kräutern und Gewürzen	N
		Fleisch, wie zum Beispiel Schnitzel und Medaillons, Früchten, wie beispielsweise saftigen Äpfeln, Birnen und Weintrauben, Eiern, Wein	E
Weiß- und Rotwein, Sekt und Champagner	E	Gemüse, Salaten und Pilzgerichten, Schnittkäse, wie beispielsweise Appenzeller und Schweizer Raclette, Weichkäse, wie zum Beispiel Brie de Meaux und Roquefort, Sauermilch- und Frischkäse, wie beispielsweise Harzer Roller und Mozzarella, Fleisch- und Wurstwaren, wie	N

Nahrungsmittel	Gruppe	kombinierbar mit	Gruppe
		Bündner Fleisch, rohem Schinken und Salami, Tatar, Fischwaren wie geräuchertem Lachs, Kaviar, Schillerlocke, geräucherter Forelle und geräuchertem Bückling, Matjeshering	
		Fleisch-, Fisch- und Eiergerichten, Gerichten mit Tofu, Käse bis 45% Fett i. Tr., beispielsweise Edamer und Gouda, Käse bis 60% Fett i. Tr., beispielsweise Gorgonzola und Bergkäse, frischen Früchten (außer Heidelbeeren, Bananen, mürben Äpfeln und frischen Feigen)	E
		Brathering, Tunfisch aus der Dose	
Kohlenhydratreiche Kombinationen			
Vollkornbrot und Vollkornbrötchen	KH	Butter, Margarine, kaltgepresstem Öl, Quark, Schittkäse, wie beispielsweise Morbier und Pyrenäenkäse, Fleischwaren wie Lachsschinken, rohem Schinken, Bündner Fleisch und Salami, Fischwaren wie geräucherter Forelle und Räucherlachs, Gemüse, Salaten und Kräutern	N
		Bananen, mürben Äpfeln, frischen Feigen	KH
Vollkornhaferflocken	KH	Joghurt, Quark, Sahne, Nüssen und Samen, Rosinen, Heidelbeeren	N
		Bananen, mürben Äpfeln, getrockneten Früchten, Süßungsmitteln, wie beispielsweise Honig und Ahornsirup	KH
Vollkornnudeln	KH	Butter, kaltgepresstem Öl, Sahne, Crème fraîche, Hartkäse, wie beispielsweise Parmesan, Frischkäse, wie zum Beispiel Mascarpone und Mozzarella, rohem	N

Nahrungsmittel	Gruppe	kombinierbar mit	Gruppe
		Schinken, Räucherlachs, Gemüse (keine gekochten Tomaten), Pilzen, Oliven, Kräutern und Gewürzen, Eigelb	
Vollkornreis (Naturreis)	KH	Butter, Gemüsebrühe, Sahne, Hartkäse, wie beispielsweise Parmesan, rohem Schinken, Magerspeck, Räucherlachs, Gemüse (keine gekochten Tomaten), Pilzen, Kräutern und Gewürzen	N
Bulgur	KH	Butter, kaltgepresstem Öl, Gemüsebrühe Gemüse (keine gekochten Tomaten), Kräutern und Gewürzen, Nüssen und Samen, Rosinen	N
		getrockneten Früchten, Süßungsmitteln	KH
Couscous	KH	Butter, kaltgepresstem Öl, Gemüsebrühe Gemüse (keine gekochten Tomaten), Kräutern und Gewürzen, Nüssen und Samen, Rosinen	N
		getrockneten Früchten, Süßungsmitteln wie Honig und Birnendicksaft	KH
Kartoffeln	KH	Butter, kaltgepresstem Öl, Quark, Sahne, Crème fraîche, Schnittkäse, wie beispielsweise Schweizer Raclette, Fontina und Rahmgouda, Weichkäse, wie zum Beispiel Ziegenkäse und Saint-Albray, Frischkäse, wie beispielsweise Robiola, Fischwaren wie Kaviar, Räucherlachs und Matjeshering, Gemüse (keine gekochten Tomaten), Salaten und Pilzen, Kräutern und Gewürzen	N
Bananen, mürbe Äpfel	KH	Joghurt, Quark, Dickmilch, Sahne, Schnittkäse, wie Beispielsweise Allgäuer Emmentaler und Fontina, Weichkäse, wie	N

Nahrungsmittel	Gruppe	kombinierbar mit	Gruppe
		zum Beispiel Camembert, Rosinen	
		Volllkornbrot/-brötchen, Vollkornhaferflocken, getrockneten Früchten, Honig	KH
Frische Feigen, frische Datteln	KH	Joghurt, Quark, Sahne, Crème fraîche, Schnittkäse, wie beispielsweise Tomme de Savoie und Rahmgouda, Hartkäse, wie zum Beispiel Comté und Gruyère, Weichkäse, wie zum Beispiel Brie de Meaux und Ziegenkäse, Bündner Fleisch	N
		Vollkornbrot/-brötchen, Vollkornhaferflocken, Honig und Ahornsirup	KH
Getrocknete Früchte	KH	Joghurt, Quark, Sahne, Crème fraîche, Frischkäse, wie beispielsweise Mascarpone und Ricotta	N
		Vollkornhaferflocken, Bulgur und Couscous, Müsli, Naturreis, mürben Äpfeln und Bananen, Honig und Ahornsirup	KH
Bier	KH	Gemüse, Salaten und Pilzgerichten, Schnittkäse, wie beispielsweise Appenzeller und Schweizer Raclette, Weichkäse, wie zum Beispiel Brie de Meaux und Roquefort, Sauermilch- und Frischkäse, wie beispielsweise Harzer Roller und Mozzarella, Fleisch- und Wurstwaren wie Bündner Fleisch, rohem Schinken und Salami, Tatar, Fischwaren wie geräuchertem Lachs, Kaviar, Schillerlocke, geräucherter Forelle und geräuchertem Bückling, Matjesheringe	N
		Vollkornbrot und -brötchen, Vollkornnudeln, Vollkornreis, Bulgur- und Couscousgerichten, Kartoffelgerichten	KH

Trennkost im Restaurant

Wer sich trennkostgerecht ernähren möchte, muss nicht zwangsläufig auf Restaurantbesuche verzichten – vorausgesetzt man beachtet dabei einige Grundregeln der Trennkost. Auf den folgenden Seiten finden Sie Tabellen mit Vorschlägen, welche Gerichte man im Restaurant bevorzugt wählen sollte und wie man sie trennkostgerecht kombiniert. Die Einführungstexte zu den einzelnen Restauranttypen, wie zum Beispiel italienischem oder asiatischem Restaurant, geben einige grundsätzliche Informationen über die dort angebotene typische Küche und wie sich diese mit Trennkost vereinbaren lassen.

Italienische Küche

Viele Gerichte können Sie bedenkenlos in den italienischen Restaurants essen. Dabei sollten Sie allerdings folgendes beachten:

- Frisches Weißbrot wird in den meisten Restaurants mit den Getränken auf den Tisch gestellt. Wenn Sie es zu neutralen Gerichten essen, wird eine kohlenhydratreiche Mahlzeit daraus.
- Beispiel: Gemüse-Antipasti gleich neutral, mit Brot gleich kohlenhydratreich. Zu eiweißreichen Gerichten, beispielsweise zum Meeresfrüchtesalat, ist Brot generell nicht erlaubt.
- Zu Fisch, Fleisch und anderen eiweißreichen Genüssen sollten Sie ebenfalls auf kohlenhydratreiche Beilagen wie Pasta, Polenta, Reis und Kartoffeln verzichten. Was Sie stattdessen essen können, finden Sie in der Spalte Beilagenempfehlung.
- Pasta und Risottos gehören zur Kohlenhydratgruppe und dürfen daher nur mit neutralen Gerichten kombiniert werden. Achten Sie auch darauf, dass die Gerichte keine gekochten Tomaten enthalten, da diese der Eiweißgruppe zugeordnet sind.
- Pizzen sind in der Trennkost eigentlich nur dann erlaubt, wenn Sie ohne Tomaten zubereitet werden. Bestellen Sie also Pizza nach Möglichkeit ohne Tomaten. Selbstverständlich können Sie hier aber ruhig auch mal eine Ausnahme machen.
- Gemischte Salate und Gemüse (mit Ausnahme gegarter Tomaten) können Sie zu eiweiß- und kohlenhydratreichen Gerichten in beliebiger

Menge essen, da sie zur neutralen Trennkostgruppe gehören. Gehen Sie mit Öl und Essig, am besten Olivenöl und Aceto balsamico, jedoch sparsam um.

- Auf Desserts und Käse müssen Sie nicht verzichten. Essen Sie beides nur in kleinen Mengen. Die italienischen »Süßigkeiten« enthalten in der Regel reichlich Zucker. Zu Käse ist Brot nur bedingt erlaubt. Fragen Sie stattdessen nach etwas rohem Gemüse, wie zum Beispiel Paprikastreifen und Gurkenstückchen.
- Bei der Getränkebestellung sollten Sie bereits wissen, was Sie essen möchten. Zu eiweißreichen Gerichten können Sie einen trockenen Wein oder ein Gläschen Prosecco trinken, zu kohlenhydratreichen ein kühles Bier. Das ideale Getränk zu allen Gerichten ist jedoch Mineralwasser ohne Kohlensäure.

Gericht	Gruppe	Beilagen-empfehlung	Getränke-empfehlung
Vorspeisen			
Antipasti (nur Fisch und Meeresfrüchte)	E		Wein
Antipasti (nur Gemüse und Pilze)	N		Mineralwasser
Auberginen mit Tomaten und Mozzarella	E		Wein
Bruschetta mit Parmaschinken	KH		Bier
Bruschetta mit Salami	KH		Bier
Bruschetta mit Tomatenwürfeln	KH		Bier
Crostini mit Olivencreme	KH		Bier
Crostini mit Pilzen	KH		Bier
Fischsuppe mit Wein und Gemüse	E		Wein
Gefüllte Zucchiniblüten (Frischkäse und Kräuter)	N		Mineralwasser

Gericht	Gruppe	Beilagen-empfehlung	Getränke-empfehlung
Gegrilltes Gemüse (keine Tomaten)	N		Mineralwasser
Gemischter Salat mit Geflügelleber	E		Wein
Honigmelone mit Parma-schinken	N		Mineralwasser
Meeresfrüchtesalat	E		Wein
Rinder-Carpaccio mit Parmesan und Rucola	N		Mineralwasser
Tomaten mit Mozzarella und Basilikum	N		Wein
Tomatensuppe mit Basilikum und Mascarpone	E		Wein
Vitello Tonnato (Kalbfleisch mit Tunfisch-sauce)	E		Wein
Pizzen			
Pizza capricciosa (ohne Tomaten, mit Schinken, Champignons und Mozzarella)	KH	Gemischter Salat oder Rohkost	Bier
Pizza fungi (ohne Tomaten, mit Pilzen und Käse)	KH	Gemischter Salat oder Rohkost	Bier
Pizza margherita (ohne Tomaten, mit Mozzarella und Basilikum)	KH	Gemischter Salat oder Rohkost	Bier
Pizza prosciutto (ohne Tomaten, mit Schinken und Rucola)	KH	Gemischter Salat oder Rohkost	Bier
Pizza quatro (ohne Tomaten, mit Artischocken, Schinken und Käse)	KH	Gemischter Salat oder Rohkost	Bier

Gericht	Gruppe	Beilagen-empfehlung	Getränke-empfehlung
Pasta, Reis & Co.			
Kartoffelgnocchi mit Salbeibutter	KH	Gemischter Salat oder Rohkost	Bier
Pasta mit getrockneten Tomaten und Mozzarella	KH	Gemischter Salat oder Rohkost	Bier
Pasta mit Öl, Knoblauch und Pfefferschoten	KH	Gemischter Salat oder Rohkost	Bier
Pasta mit Pesto	KH	Gemischter Salat oder Rohkost	Bier
Pasta mit Pilz-Sahne-Sauce	KH	Gemischter Salat oder Rohkost	Bier
Pasta mit Trüffelscheiben	KH	Gemischter Salat oder Rohkost	Bier
Polenta mit Fontina überbacken	KH	Gemischter Salat oder Rohkost	Bier
Polenta mit Steinpilzsauce	KH	Gemischter Salat oder Rohkost	Bier
Ravioli mit Ricotta und Spinat	KH	Gemischter Salat oder Rohkost	Bier
Risi e Bisi (Reis mit Erbsen)	KH	Gemischter Salat oder Rohkost	Bier
Risotto mit Räucherlachs und grünem Spargel	KH	Gemischter Salat oder Rohkost	Bier
Risotto mit Radicchio	KH	Tomatensalat oder Rohkost	Bier
Risotto mit Rucola	KH	Tomatensalat oder Rohkost	Bier
Risotto mit Steinpilzen	KH	Gemischter Salat oder Rohkost	Bier
Fleisch & Innereien			
Agnello al forno (Gebratene Lammkeule)	E	Gemüse oder Salat	Wein

Gericht	Gruppe	Beilagen-empfehlung	Getränke-empfehlung
Gefüllte Kalbskoteletts (mit Fontina)	E	Gemüse oder Salat	Wein
Involtini (Kalbfleischröll-chen)	E	Gemüse oder Salat	Wein
Kalbsleber auf venezianische Art	E	Gemüse oder Salat	Wein
Lammragout mit Pilzen und Wein	E	Gemüse oder Salat	Wein
Ossobucco alla milanese (Kalbshaxe »Mailänder Art«)	E	Gemüse oder Salat	Wein
Rinderfilet mit Parma-schinken und Pilzen	E	Gemüse oder Salat	Wein
Rinderschmorbraten mit Rotwein	E	Gemüse oder Salat	Wein
Saltimbocca alla romana (Kalbsschnitzel mit Schinken und Salbei)	E	Gemüse oder Salat	Wein
Scaloppine al limone (Kalbsschnitzel in Zitronensaft)	E	Gemüse oder Salat	Wein
Schweinelende mit Rosmarin	E	Gemüse oder Salat	Wein
Geflügel, Kaninchen & Wildgeflügel			
Fasan mit Parma-schinken und Salbei	E	Gemüse oder Salat	Wein
Hähnchen mit Kräutern und Zitrone	E	Gemischter Salat mit Öl und Essig	Wein
Kaninchen mit Gemüse und Kräutern	E		Wein
Kaninchen mit Tomaten und Oliven	E	Gemüse oder Salat	Wein

Gericht	Gruppe	Beilagen-empfehlung	Getränke-empfehlung
Fisch & Meeresfrüchte			
Fisch und Meeresfrüchte vom Grill	E	Gegrilltes Gemüse	Wein
Fisch und Meeresfrüchte in Pergamentpapier	E	Gemischter Salat mit Öl und Essig	Wein
Fischeintopf mit Gemüse und Kräutern (keine Kartoffeln)	E		Wein
Forelle in Weißwein mit Gemüse	E	Gemischter Salat mit Öl und Essig	Wein
Frittierte Sardinen	E	Gemischter Salat mit Öl und Essig	Wein
Garnelen mit Knoblauch und Öl	E	Gemischter Salat mit Öl und Essig	Wein
Gefüllte Calamari	E	Gemischter Salat mit Öl und Essig	Wein
Muscheln in Tomatensauce	E		Wein
Muscheln in Weißwein mit Gemüse	E		Wein
Schwertfisch mit Tomaten und Oliven	E	Gemischter Salat mit Öl und Essig	Wein
Tintenfisch in Tomatensauce	E	Gemischter Salat mit Öl und Essig	Wein
Tunfischkoteletts mit Knoblauch und Kräutern	E	Gemischter Salat mit Öl und Essig	Wein
Desserts			
Italienische Käseauswahl	E		Wein
Panna Cotta mit Beerenobst	E		Espresso und Mineralwasser
Zabaione	E		Espresso und Mineralwasser

Französische Küche

Wenn Sie nicht nur trennen, sondern auch noch kalorienarm essen möchten, müssen Sie in französischen Restaurants etwas Acht geben, denn in Frankreich wird besonders gerne mit viel Butter, Crème fraîche und Olivenöl gekocht. Ansonsten gibt es in französischen Restaurants natürlich Gerichte, die trennkostgerecht sind. Beachten Sie dabei jedoch folgendes:

- Verführer Nummer 1 ist auch hier das frische Stangenweißbrot. Meist wird dazu noch Kräuterbutter, gesalzene Butter oder ein anderer Aufstrich mit auf den Tisch gestellt. Hier sollten Sie nur zugreifen, wenn Sie ein kohlenhydratreiches Gericht, wie beispielsweise eine französische Kartoffelsuppe essen.
- Zu eiweißreichen Speisen, wie einer Fischsuppe oder Omelettes, ist Brot generell verboten. Wird es mit neutralen Gerichten kombiniert, zum Beispiel mit einem gemischtem Blattsalat, wird dieses dann der Kohlenhydratgruppe zugeordnet.
- Typisch französische Beilagen, wie Kartoffeln, Kroketten, Pommes frites oder Reis, sind generell zu Fleisch, Fisch und Meeresfrüchten nicht erlaubt. Denn diese Nahrungsmittel zählen zur Eiweißgruppe und dürfen im Rahmen der Trennkost nicht mit kohlenhydratreichen Lebensmitteln gegessen werden. Alternativen finden Sie in der Rubrik Beilagenempfehlung. In der Spalte daneben steht auch, was Sie trinken können.
- Welche Gemüse sich zum Hauptgericht anbieten, finden Sie auf Seite 102 in der Tabelle Gemüse. Hier können Sie sich je nach Gericht die idealen Beilagen zusammenstellen.
- Wenn Sie sich für eine Käseplatte als Dessert entscheiden, denken Sie daran, dass Sie kein Brot dazu essen sollten. Alternativen sind rohes Gemüse, wie beispielsweise Paprikastreifen, Tomatenachtel und Bleichselleriestangen.
- Sie sollten bereits bei der Getränkebestellung wissen, was Sie essen möchten. Zu eiweißreichen Gerichten passt ein Glas Champagner oder Wein, zu kohlenhydratreichen Bier. Das ideale Getränk ist in jedem Fall Mineralwasser. Achten Sie darauf, wenn Sie ein Menü zusammenstellen, dass die einzelnen Gänge entweder eiweißreich und neutral oder kohlenhydratreich und neutral sind.

Gericht	Gruppe	Beilagenempfehlung	Getränkeempfehlung
Vorspeisen			
Austern	E		Wein
Bouillabaisse (Fischsuppe mit Rouille)	E		Wein
Eier im Förmchen mit Trüffeln	E		Wein
Gefüllte Artischocken (Hackfleisch und Tomaten)	E		Wein
Gefüllte Champignons (Kräuterbutter und Knoblauch)	N		Mineralwasser
Gefüllte Zucchiniblüten (Frischkäse und Kräuter)	N		Mineralwasser
Gemischter Salat mit Ei	E		Wein
Gemischter Salat mit wachteln oder Geflügelbrust	E		Wein
Gemischter Salat mit warmem Ziegenkäse	N		Mineralwasser
Karottencremesuppe	N		Mineralwasser
Knoblauchsuppe mit Croûtons	KH		Bier
Löwenzahnsalat mit Ei und Vinaigrette	E		Wein
Pochierte Eier auf gebratenen Tomaten	E		Wein
Spargelsalat mit Räucherlachs	N		Mineralwasser
Spargelsalat mit Wachteleiern und Vinaigrette	E		Wein
Zwiebelsuppe	KH		Bier

Gericht	Gruppe	Beilagen-empfehlung	Getränke-empfehlung
Galettes & Omelettes			
Galette mit rohem Schinken und Comté	KH	Blattsalate	Bier
Galette mit Spinat und Comté	KH	Blattsalat	Bier
Omelette mit Champignons	E	Blattsalat mit Vinaigrette	Wein
Omelette mit Gruyère	E	Tomatensalat mit Zwiebeln und Vinaigrette	Wein
Omelette mit Kräutern	E	Tomatensalat mit Zwiebeln und Vinaigrette	Wein
Omelette mit Paprika und Zwiebeln	E	Blattsalat mit Vinaigrette	Wein
Omelette mit Tomaten und Gruyère	E	Blattsalat mit Vinaigrette	Wein
Gemüse			
Auberginenkrone (Auberginenauflauf)	E		Wein
Auberginengulasch	N		Mineralwasser
Geschmorter Kopfsalat	N		Mineralwasser
Glasierte Schalotten oder Zwiebeln	N		Mineralwasser
Kartoffel-Lauch-Püree	KH		Bier
Kartoffel-Sellerie-Püree	KH		Bier
Provenzalische Artischocken	N		Mineralwasser
Purée Soubise (Kartoffel-Zwiebel-Brei)	KH		Bier
Ratatouille (Provenzalischer Gemüsetopf)	E		Wein
Zucchinigratin mit Tomaten und Zwiebeln	E		Wein

Gericht	Gruppe	Beilagenempfehlung	Getränkeempfehlung
Fleisch & Innereien			
Bœuf Bourguignon (Rindfleisch in Rotweinsauce)	E	Gemüse oder Salat	Wein
Chateaubriand mit Estragonsauce	E	grüne Bohnen	Wein
Entrecôte mit Knoblauch	E	Gemüse oder Salate	Wein
Entrecôte mit Kräuterbutter	E	Gemüse oder Salat	Wein
Fleischklösschen mit Mangold	E	Gemüse oder Salat	Wein
Geräucherte Ochsenzunge mit Gänseleber und Trüffeln	E		Wein
Kutteln nach Art von Nizza	E	grüne Bohnen	Wein
Lammhaxe mit Knoblauch und Tomate	E	grüne Bohnen	Wein
Lammkoteletts mit Gemüse (keine Kartoffeln)	E		Wein
Lammleber und Lammbries mit Tomaten-Peperoni-Sauce	E	grüne Bohnen	Wein
Lammschulter mit Knoblauch und Rosmarin	E	grüne Bohnen und Tomaten	Wein
Pfeffersteak	E	Blattsalat mit Vinaigrette	Wein
Steak Tartare (gewürztes rohes Rinderfilet)	N	Blattsalat mit Vinaigrette	Wein
Tournedos mit Gänseleber	E		Wein
Tournedos mit Madeira-Trüffel-Sauce	E	Gemüse oder Salat	Wein

Gericht	Gruppe	Beilagen-empfehlung	Getränke-empfehlung
Geflügel, Kaninchen & Wildgeflügel			
Coq au vin (Hähnchen in Weinsauce)	E	Gemüse oder Salat	Wein
Ente in Orangensauce	E	Blattsalat mit Vinaigrette	Wein
Entenbrust mit Pfeffersauce	E	Blattsalat mit Vinaigrette	Wein
Geflügelfrikassee mit Morcheln und Sahnesauce	E	Blattsalat mit Vinaigrette	Wein
Huhn auf baskische Art mit Tomaten und Paprika	E		Wein
Kaninchen in Weinsauce	E	Gemüse oder Salat	Wein
Perlhuhn mit Pfifferlingen	E	Blattsalat mit Vinaigrette	Wein
Poulet mit Estragonsauce (Hähnchen)	E	Gemüse oder Salat	Wein
Poulet mit vierzig Knoblauchzehen	E	Blattsalat mit Vinaigrette	Wein
Täubchen mit Frühlingsgemüse	E		Wein
Wachteln mit Trüffelsauce	E	Gemüse oder Salat	Wein
Fisch & Meeresfrüchte			
Fischmousse	E		Wein
Forelle im Speckmantel	E	Blattsalat mit Vinaigrette	Wein
Forelle mit Champignons und Sahne	E	Blattsalat mit Vinaigrette	Wein
Forelle mit Mandelbutter	E	Blattsalat mit Vinaigrette	Wein
Forellenmousse	E		Wein
Gebratene Rotbarben	E	Blattsalat mit Vinaigrette	Wein
Gegrillter Lachs mit Kräuterbutter	E	Blattsalat mit Vinaigrette	Wein

Gericht	Gruppe	Beilagen-empfehlung	Getränke-empfehlung
Hecht mit Buttersauce	E	Gemüse oder Salat	Wein
Hechtklösschen	E		Wein
Makrele mit Kräutern	E	Tomatensalat mit Zwiebeln und Vinaigrette	Wein
Muscheln im Knoblauch-Kräuter-Sud	E		Wein
Lachs mit Sauerampfer-sauce	E	Blattsalat mit Vinaigrette	Wein
Langusten mit Aioli	E		Wein
Pochierter Saibling	E	Blattsalat mit Vinaigrette	Wein
Sardinen mit Persillade (Olivenöl mit Knoblauch und Petersilie)	E	Tomatensalat mit Zwiebeln und Vinaigrette	Wein
Seeteufel mit Wein und Champignons	E	Blattsalat mit Vinaigrette	Wein
Seezunge mit Muscheln und Crevetten	E	Blattsalat mit Vinaigrette	Wein
Seezungenfilets mit Noilly Prat	E	Blattsalat mit Vinaigrette	Wein
Steinbutt mit Jakobs-muscheln	E	Blattsalat mit Vinaigrette	Wein
Steinbutt mit Tomaten und Champignons	E	Blattsalat mit Vinaigrette	Wein
Wolfsbarsch mit Gemü-sefüllung	E	Blattsalat mit Vinaigrette	Wein
Desserts			
Creme Brûlée (Eiercreme mit Karamell)	E		Espresso
Französische Käseplatte	E		Wein
Pochierte Birnen	E		Espresso
Tarte Tatin (gestürzter Apfelkuchen)	KH		Espresso

Spanische Küche

Die spanische Küche ist so abwechslungsreich wie die iberische Halbinsel selbst. Obwohl häufig die gleichen Zutaten verwendet werden, unterscheiden sich die Gerichte von Region zu Region. Ob sich ein Gericht für die Trennkost eignet, hängt oft von einer einzigen Zutat ab. Deshalb sollten Sie in spanischen Restaurants bei bestimmten Gerichten nach dem Rezept fragen und folgendes beachten:

- ▶ Eine Spezialität in vielen spanischen Restaurants sind Büfetts mit Tapas. Kombinieren Sie nur eiweißreiche Appetithappen, beispielsweise Fisch und Meeresfrüchte, mit neutralen Tapas beziehungsweise kohlenhydratreiche Appetitanreger, zum Beispiel Kartoffeln in allen Varianten, mit neutralen. Achten Sie darauf, dass Füllungen von Muscheln, Pilzen und ähnlichem kein Paniermehl enthalten.
- ▶ Auf Paella und Co. müssen Sie leider verzichten, wenn Sie sich strikt an die Trennkost halten, denn hier werden Kohlenhydrate (Reis) und Eiweiß (Fisch, Meeresfrüchte, Geflügel und Fleisch) vermischt.
- ▶ Auch die vielen Eintöpfe mit getrockneten Bohnen sind in der Trennkost tabu. Das gleiche gilt ebenfalls für viele spanische Eiergerichte, wie zum Beispiel das berühmte Kartoffelomelette sowie für die beliebten Kroketten und Empanadas (gefüllte Teigtaschen).
- ▶ Wenn Sie gerne Geflügel, Fisch oder Meeresfrüchte essen, sind Sie in der spanischen Restaurants gut aufgehoben. Hier finden Sie eine Vielzahl an würzigen Gerichten. Kohlenhydratreiche Beilagen wie Kartoffeln und Reis sind dazu allerdings nicht erlaubt – dafür jedoch jede Menge Gemüse oder Salat.
- ▶ Auf Desserts sollten Sie möglichst verzichten. Wie in allen südlichen Ländern wird auch in Spanien als krönender Abschluss gerne sehr »süß« gegessen. Bestellen Sie sich dann lieber eine kleine Platte mit spanischen Käsespezialitäten, zu der Sie allerdings kein Brot essen sollten. Fragen Sie stattdessen nach rohem Gemüse.
- ▶ Mineralwasser ohne Kohlensäure ist das ideale Getränk zu allen Gerichten. Wenn Sie sich für eiweißreiche Gerichte entschieden haben, dürfen Sie dazu auch ein Gläschen Cava oder einen Wein trinken, zu kohlenhydratreichen Speisen ein kühles Bier.

Gericht	Gruppe	Beilagenempfehlung	Getränkeempfehlung
Vorspeisen & Tapas			
Frittierte Sardinen	E		Wein
Gebratene Gambas mit Olivenöl und Knoblauch	E		Wein
Gebratene Pilze mit Knoblauch-Brot-Paste	KH		Bier
Gebratene Pilze mit Knoblauch und Pinienkernen	N		Mineralwasser
Gefüllte Calamari mit Kräutern und Mandeln	E		Wein
Gewürzte Kartoffeln	KH		Bier
Gewürzte Oliven	N		Mineralwasser
Kartoffeln mit Aioli	KH		Bier
Manchegobällchen	KH		Bier
Marinierte Sardinen	E		Wein
Pinchitos (kleine Fleischspießchen)	E		Wein
Überbackene Pilze mit Kräuterfüllung	N		Mineralwasser
Suppen			
Avocadosuppe mit Gambas (kalt)	E		Wein
Gazpacho (kalte Gemüsesuppe mit Brot)	KH		Bier
Kastaniensuppe	KH		Bier
Knoblauchsuppe mit Brot und Serrano-Schinken	KH		Bier
Miesmuschelsuppe (ohne Nudeln)	E		Wein
Spanische Fischsuppe (ohne Kartoffeln)	E		Wein

Gericht	Gruppe	Beilagen-empfehlung	Getränke-empfehlung
Gemüse & Salate			
Gebackene Tomaten mit Schinken und Ei	E	Grüner Salat mit Öl und Essig	Wein
Kartoffeln mit Käsesauce	KH		Bier
Orangensalat mit Oliven	E		Wein
Tomaten-Paprika-Salat mit Sardellenfilets	N		Mineralwasser
Safrankartoffeln	KH	Grüner Salat mit Öl und Essig	Bier
Salat mit Roquefort-dressing und Ei	E		Wein
Sommergemüse mit pochiertem Ei	E		Wein
Spanisches Gemüse-omelette	E		Wein
Spinat mit Rosinen und Pinienkernen	KH		Bier
Tintenfischsalat	E		Wein
Fleisch & Innereien			
Kalbsnieren in Sherry-sauce	E	Gemüse oder Salat	Wein
Kalbsragout mit Gemüse und Oliven	E	Grüner Salat mit Öl und Essig	Wein
Kalbsragout mit Pilzen	E	Grüner Salat mit Öl und Essig	Wein
Lamm mit Paprika-schoten	E	Gemüse oder Salat	Wein
Lamm mit Zitronensauce und Knoblauch	E	Gemüse oder Salat	Wein
Rindfleisch mit Oliven	E	Gemüse oder Salat	Wein
Rindfleisch mit Spinat-sauce	E	Grüner Salat mit Öl und Essig	Wein

Gericht	Gruppe	Beilagen-empfehlung	Getränke-empfehlung
Schweinefleisch mit Kräutersauce	E	Grüner Salat mit Öl und Essig	Wein
Schweinefleisch mit Muscheln	E		Wein
Schweinelende mit Mandelsauce	E	Gemüse oder Salat	Wein
Geflügel, Kaninchen & Wildgeflügel			
Ente mit Birnen und Mandeln	E	Gemüse oder Salat	Wein
Ente mit Oliven	E	Gemüse oder Salat	Wein
Geschmortes Kaninchen mit Gemüse	E	Grüner Salat mit Öl und Essig	Wein
Geschmorte Wachteln mit Weintrauben	E	Gemüse oder Salat	Wein
Hähnchen in Knoblauch-sauce	E	Grüner Salat mit Öl und Essig	Wein
Hähnchen mit Oliven und Tomaten	E	Gemüse oder Salat	Wein
Hähnchen mit Petersilie	E	Gemüse oder Salat	Wein
Hähnchenfrikassee mit Piniensauce	E	Gemüse oder Salat	Wein
Huhn in Mandelsauce	E	Gemüse oder Salat	Wein
Huhn in Salzkruste	E	Gemüse oder Salat	Wein
Kaninchen in Weißwein-Safran-Sauce	E	Grüner Salat mit Öl und Essig	Wein
Kaninchen mit Zwiebeln	E		Wein
Rebhuhn mit Wirsing	E		Wein
Safranhähnchen	E	Gemischter Salat mit Öl und Essig	Wein
Stubenküken mit Toma-ten und Paprika	E	Gemischter Salat mit Öl und Essig	Wein

Gericht	Gruppe	Beilagen-empfehlung	Getränke-empfehlung
Fisch & Meeresfrüchte			
Fisch in der Salzkruste	E	Gegrilltes Gemüse	Wein
Forelle in Rotwein	E	Gemischter Salat mit Öl und Essig	Wein
Forelle mit Serrano-Schinken	E	Gemischter Salat mit Öl und Essig	Wein
Gegrillter Schwert- oder Tunfisch	E	Gegrlltes Gemüse	Wein
Monkfisch mit Artischo-cken	E	Grüner Salat mit Öl und Essig	Wein
Parrillada (gegrillte Fi-sche und Meeresfrüchte)	E	Gemischter Salat mit Öl und Essig	Wein
Rochenflügel mit Toma-ten und Safran	E	Grüner Salat mit Öl und Essig	Wein
Rotbarbe mit Anchovis-sauce	E	Grüner Salat mit Öl und Essig	Wein
Seehecht mit salsa verde (grüner Sauce)	E	Gegrilltes Gemüse	Wein
Seezunge mit Muscheln	E		Wein
Tintenfisch in eigener Tinte	E		Wein
Zarzuela (Spanischer Fischeintopf)	E		Wein
Desserts			
Arroz con leche (Milchreis)	KH		Espresso
Creme catalana (Eiercreme)	KH		Espresso
Menjar blanc (weißer Pudding mit Mandeln)	KH		Espresso

Griechische Küche

Obwohl in der griechischen Küche bevorzugt mit viel Öl gekocht wird, finden Sie auch hier Gerichte, die sich mit der Trennkost vereinbaren lassen, dabei sollten Sie jedoch folgendes beachten:

- Wie alle Südländer lieben auch die Griechen reichlich Brot zu jeder Mahlzeit. Deshalb wird mit den Getränken auch der Brotkorb auf den Tisch gestellt. Lassen Sie sich davon nicht verführen. Denn zu eiweißreichen Gerichten, wie beispielsweise einem Calamarisalat, ist Brot verboten. Wenn Sie es zu neutralen Gerichten essen, wie zum Beispiel gebackenen Auberginen oder Zucchini mit Tsatsiki, wird ein kohlenhydratreiches Gericht daraus.
- Der gerne zu allem servierte Tsatsiki passt wie auch die schwarzen Oliven sowohl zu eiweißreichen als auch zu kohlenhydratreichen Gerichten. Hier dürfen Sie sich ruhig eine Extraportion bestellen.
- Zu Fleischgerichten werden in griechischen Restaurants gerne Reis, Kartoffeln oder Pommes frites serviert. Sie zählen zur Kohlenhydratgruppe und dürfen daher nicht zu eiweißreichen Mahlzeiten wie Fleisch, aber auch Innereien, Geflügel, Fisch und Meeresfrüchten gegessen werden.
- Verzichten Sie auch auf fette Lammfleisch- und Schweinefleischgerichte. Wählen Sie nach Möglichkeit gegrilltes Fleisch oder in der Folie gegartes Fleisch.
- Die klassische Mussaka und Gerichte mit Hülsenfrüchten sind ebenfalls nicht trennkostgerecht und sollten daher gemieden werden.
- Gemischte Salate und Gemüse (bis auf gegarte Tomaten) sind neutral und dürfen sowohl zu eiweißreichen wie auch kohlenhydratreichen Gerichten uneingeschränkt verzehrt werden. Gehen Sie mit Öl und Essig jedoch sparsam um.
- Entscheiden Sie sich bereits vor der Getränkebestellung für das Essen ihrer Wahl. Wenn Sie ein eiweißreiches Gericht bevorzugen, können Sie dazu einen trockenen Wein trinken. Falls Sie beispielsweise eine kohlenhdratreiche Vorspeise bestellen, dürfen Sie dazu ein kühles Bier trinken. Generell ist Mineralwasser ohne Kohlensäure die beste Entscheidung. Auf den obligatorischen Ouzo als Aperitif oder Digestif müssen Sie nicht verzichten. Er gehört in die neutrale Trennkostgruppe.

Gericht	Gruppe	Beilagen-empfehlung	Getränke-empfehlung
Vorspeisen			
Auberginen in Öl mit Käse	N		Mineralwasser
Calamarisalat	E		Wein
Dolmades (nur mit Reis gefüllt)	KH		Bier
Gebackene Auberginen mit Tsatsiki	N		Mineralwasser
Gebackene Zucchini mit Tsatsiki	N		Mineralwasser
Griechischer Bauernsalat mit Feta	N		Mineralwasser
Griechische Fischsuppe (ohne Kartoffeln)	E		Wein
Oktopussalat	E		Wein
Scampi in Tomaten-sauce	E		Wein
Spinatkrapfen mit Feta	KH		Bier
Tiropitakia (Blätterteig mit Käsefüllung)	KH		Bier
Fleisch & Innereien			
Bifteki (Fleischküchlein mit Feta)	E	Gemischter Salat mit Öl und Essig	Wein
Gefülltes Schweinefilet mit Gemüse und Feta	E	Gemischter Salat mit Öl und Essig	Wein
Gyros mit Tsatsiki	E	Gemischter Salat mit Öl und Essig	Wein
Lamm in der Folie	E	Gemüse oder Salat	Wein
Lamm mit grünen Boh-nen und Feta	E		Wein
Lammfilet vom Grill	E	Gemüse oder Salat	Wein
Lammkoteletts vom Grill	E	Gemüse oder Salat	Wein

Gericht	Gruppe	Beilagen-empfehlung	Getränke-empfehlung
Lamm- oder Rinderleber vom Grill	E	Gemüse oder Salat	Wein
Stifado (Kalbfleisch mit Zwiebeln)	E	Gemüse oder Salat	Wein
Suflaki (Fleischspieße)	E	Gemischter Salat mit Öl und Essig	Wein
Suflaki mit Feta	E	Gemischter Salat mit Öl und Essig	Wein
Fisch und Meeresfrüchte			
Calamari vom Grill	E	Gemischter Salat mit Öl und Essig	Wein
Frittierte Sardinen	E	Gemischter Salat mit Öl und Essig	Wein
Griechische Fischplatte vom Grill	E	Gemischter Salat mit Öl und Essig	Wein
Lachsteaks vom Grill	E	Gemischter Salat mit Öl und Essig	Wein
Seehechtfilet vom Grill	E	Gemischter Salat mit Öl und Essig	Wein
Überbackene Muscheln mit Kräuterbutter und Knoblauch	E	Gemischter Salat mit Öl und Essig	Wein
Überbackene Riesen-garnelen mit Tomaten-sauce und Feta	E	Gemischter Salat mit Öl und Essig	Wein
Desserts			
Gebackene Bananen mit Honig	KH		Mineralwasser
Gebackener Feta	N		Mineralwasser
Griechischer Joghurt mit Honig und Walnüssen	N		Mineralwasser
Griechische Käseplatte	N		Mineralwasser

Asiatische Küche

Asien umfasst viele Länder. Indien, Vietnam, Thailand, Japan und China – um nur einige zu nennen. Die einzelnen Länderküchen unterscheiden sich in den Zutaten, den Zubereitungsmethoden und natürlich den Serviergewohnheiten. Trennkostgerecht essen, können Sie in allen asiatischen Restaurants, wenn Sie dabei folgendes beachten:

- Suppen werden speziell in der thailändischen und vietnamesischen Küche gerne als Vorspeise serviert. Achten Sie darauf, dass sie keinen Reis als Einlage enthalten, wenn Sie sich für ein eiweißreiches Hauptgericht, also Fleisch, Geflügel oder Fisch entschieden haben. In diesem Fall sollten Sie einen Salat wählen.
- Eine Verführung in indischen Restaurants sind die Chutneys, die gerne als Appetitanreger mit knusprig ausgebackenen hauchdünnen Fladen aus Kichererbsenmehl serviert werden. Sie sind nicht trennkostgerecht.
- Auf Sushis brauchen sie in japanischen Restaurants nicht verzichten, denn Reis (Kohlenhydrate) und roher Fisch (neutral) entsprechen den Trennkostregeln. Auch zu empfehlen sind vegetarische Sushis mit Gurken- oder Avocadostückchen.
- Reis spielt in der asiatischen Küche generell eine große Rolle. Er wird zu jedem Hauptgericht als Beilage serviert. In der Trennkost ist er jedoch zu allen eiweißreichen Gerichten nicht erlaubt. Viele asiatische Speisen werden mit Gemüse und Pilzen serviert. Bestellen Sie ihr Gericht dann mit viel Gemüse. Auch Glasnudeln (Reisnudeln) gehören zur Kohlenhydratgruppe.
- Essen Sie in asiatischen Restaurants nach Möglichkeit nicht zu scharf, denn unser Verdauungssystem ist an diese Schärfe nicht gewöhnt.
- Asiatische Desserts sind in der Regel recht süß und liegen schwer im Magen. Verzichten Sie auf gebratene Bananen, Litchis aus der Dose und ähnlichem. Trinken Sie stattdessen lieber noch einen Tee.
- Apropos Getränke. Auch hier gilt: Zu weißreichen Gerichten dürfen Sie ein Gläschen Wein, zu kohlenhydratreichen ein kühles Bier trinken. Besser sind Mineralwasser ohne Kohlensäure oder ein frisch gebrühter Tee (Lotus-, Jasmin- oder Minzetee) wie man ihn in asiatischen Restaurants fast überall serviert bekommt.

Gericht	Gruppe	Beilagenempfehlung	Getränkeempfehlung
Vorspeisen			
Auberginen-Reis-Salat	KH		Bier
Ausgebackenes Gemüse (Pakora)	KH		Bier
Eierstreifen-Gemüse-Salat	E		Wein
Frittierte Kartoffeln (Samosas)	KH		Bier
Indonesischer Gemüsesalat (Gado Gado)	E		Wein
Kokosnuss-Suppe mit Galgant	E		Wein
Reispapierröllchen mit Gemüse	KH		Bier
Satéspießchen mit Rindfleisch, Geflügel oder Garnelen	E		Wein
Scharf-saure Garnelensuppe	E		Wein
Thailändische Garnelensuppe	E		Wein
Tomatensuppe mit Eierblumen	E		Wein
Vietnamesischer Rindfleischsalat	E		Wein
Vietnamesischer Sprossensalat	N		Mineralwasser
Gemüse			
Buntes Gemüse mit gebratenem Tofu	E		Wein
Frittierter Blumenkohl mit Joghurtsauce	N		Mineralwasser

Gericht	Gruppe	Beilagen-empfehlung	Getränke-empfehlung
Gebackener Blumenkohl mit Tomaten und Erbsen	E		Wein
Gedünsteter Paksoi mit Garnelen	E		Wein
Gemischtes Wok-Gemüse	N		Mineralwasser
Gemüse in Joghurt-Kokos-Sauce	N		Mineralwasser
Kantonesisches Wok-Gemüse	N		Mineralwasser
Kartoffel-Blumenkohl-Curry	KH		Bier
Kartoffel-Weißkohl-Curry	KH		Bier
Okra-Gemüse-Curry	N		Mineralwasser
Okraschoten mit Joghurtsauce	N		Mineralwasser
Paksoi-Spargel-Gemüse	N		Mineralwasser
Pfannengerührtes Gemüse mit Reisnudeln	KH		Bier
Pfannengerührtes Gemüse mit Tofu	E		Wein
Spinat mit körnigem Frischkäse (Panir)	N		Mineralwasser
Fleisch & Innereien			
Asiatischer Feuertopf	E		Wein
Gewürztes Lammfleisch auf Spinat	E		Wein
Lamm mit Ingwer	E		Wein
Lammkoteletts mit Auberginen und Minzejoghurt	E		Wein
Lammragout mit Garam Masala	E		Wein

Gericht	Gruppe	Beilagen-empfehlung	Getränke-empfehlung
Pfannengerührtes Rinderfilet mit Gemüse	E		Wein
Rindfleisch in Kokos-milch	E		Wein
Rindfleisch mit Pilzen und Zitronengras	E		Wein
Rote Schweinelende	E		Wein
Scharfes Kokos-Rind-fleisch-Curry	E		Wein
Schweinelende mit Knoblauch und Pfeffer	E		Wein
Spinat-Schweinefleisch-Curry	E		Wein
Geflügel & Wildgeflügel			
Ente in Ananassauce	E		Wein
Ente mit Ingwersauce	E		Wein
Gegrillte Hähnchen-spieße (Yakitori)	E		Wein
Hähnchenbrust mit Cashewkernen	E		Wein
Hähnchen-Curry	E		Wein
Hähnchenspieße mit Ananas	E		Wein
Marinierte Wachteln	E		Wein
Peking-Ente	E		Wein
Pute mit Brokkoli und Cashewkernen	E		Wein
Rotes Enten-Curry mit Kokosmilch	E		Wein Wein
Stubenküken mit Zitronengras	E		Wein
Tandoori-Hähnchen	E		Wein

Gericht	Gruppe	Beilagen-empfehlung	Getränke-empfehlung
Süß-saure Hähnchen-brust	E		Wein
Würzige Hähnchen-schenkel	E		
Fisch & Meeresfrüchte			
Chili-Krabben	E		Wein
Fisch im Bananenblatt	E		Wein
Fisch-Kokos-Curry	E		Wein
Fischbällchen in Kokos-sauce	E		Wein
Frittierter Fisch mit Chili-sauce	E		Wein
Garnelen in Kokossauce	E		Wein
Garnelenbällchen in Brühe	E		Wein
Gebratener Fisch mit Chilisauce	E		Wein
Gedämpfter Seebarsch mit Zitrone und Chilies	E		Wein
Gefüllte Krabben	E		Wein
Gefüllte Krebse			Wein
Gegrillte Fischspießchen	E		Wein
Gegrillter Barsch mit Ingwersauce	E		Wein
Karpfen in Kokosmilch	E		Wein
Red Snapper mit Kokos-sauce	E		Wein
Desserts			
Frittierte Bananen mit Sesamsamen	KH		Tee
Litschi-Sorbet	E		Mineralwasser
Mangoeis	E		Mineralwasser

Arabische Küche

Nordafrika und der nahe Osten sind für ihre abwechslungsreiche Küche bekannt. Frische Früchte und knackiges Gemüse sind Bestandteil vieler Gerichte. Aromatische Kräuter und intensiv duftende Gewürze runden sie ab. In arabischen Restaurants finden Sie viele Speisen die trennkostgerecht sind. Allerdings gilt es dabei folgendes zu beachten:

- Das knusprige, meist noch warme Fladenbrot dürfen Sie nur zu kohlenhydratreichen Gerichten, wie beispielsweise einer Gemüsebrühe mit Reis essen. Wenn Sie es zu den diversen Gemüsevorspeisen, wie zum Beispiel frittierten Auberginen- und Zucchinischeiben essen, zählen diese ursprünglich neutralen Gerichte zu den kohlenhydratreichen. Zu eiweißreichen Speisen wie Omelettes und Rühreiern oder Fischsalaten ist Brot generell verboten.
- Naturjoghurt oder Joghurt mit Minze, der fast zu allen Gerichten serviert wird, ist neutral, daher können Sie ihn bedenkenlos zu eiweißreichen und kohlenhydratreichen Speisen essen. Verzichten sollten Sie hingegen auf all zu scharfe Gewürze wie Harissa oder sehr fetthaltige Pasten wie Hummus aus Kichererbsen oder Tahin aus Sesamsamen.
- Eine arabische Spezialität sind die Couscous- und Bulgurgerichte, sowohl Couscous als auch Bulgur gehören zur Kohlenhydratgruppe und dürfen daher entsprechend den Trennkostregeln weder mit Fleisch noch mit Geflügel, Fisch oder Meeresfrüchten kombiniert werden.
- Auch der gerne als Beilage mit Tomaten vermischte Reis ist im Rahmen der Trennkost nicht erlaubt, denn gekochte Tomaten gehören zur Eiweißgruppe, Reis hingegen zur Kohlenhydratgruppe.
- Zu Tagine-Gerichten, sie werden in Schmorgefäßen aus Keramik zubereitet, sind Couscous, Bulgur und Reis ebenfalls nicht erlaubt. Es sei denn Sie wählen eine Gemüse-Tagine. Dann wird aus dem neutralen Gericht ein kohlenhydratreiches.
- In arabischen Restaurants finden Sie auf der Getränkekarte diverse Kräuter- und schwarze Tees. Sie sind das ideale Getränk zu allen Gerichten. Ansonsten gilt: Zu eiweißreichen Gerichten darf Wein, zu kohlenhydratreichen Bier getrunken werden. Eine Alternative ist Mineralwasser ohne Kohlensäure.

Gericht	Gruppe	Beilagen-empfehlung	Getränke-empfehlung
Vorspeisen & Salate			
Arabischer Brotsalat	KH		Bier
Auberginenkaviar	N		Mineralwasser
Auberginensalat	N		Mineralwasser
Blattsalat mit Orangen	E		Wein
Bulgur-Petersilien-Salat	KH		Bier
Coucous-Salat mit Gemüse	KH		Bier
Feta mit Tomaten und Paprika	N		Mineralwasser
Frittierte Auberginen- oder Zucchinischeiben mit Joghurt	N		Mineralwasser
Gegrillter Halloumi	N		Mineralwasser
Gurkensalat mit Minze	N		Mineralwasser
Marinierte Baby-auberginen	N		Mineralwasser
Marinierte Oliven	N		Mineralwasser
Möhrenpüree mit Kreuz-kümmel	N		Mineralwasser
Möhrensalat mit Joghurt	N		Mineralwasser
Olivensalat	N		Mineralwasser
Paprikawürfel in Tomatensauce	E		Wein
Portulaksalat mit Tomaten und Feta	N		Mineralwasser
Rucola-Tomaten-Salat	N		Mineralwasser
Süßkaroffelsalat mit Koriander	KH		Bier
Süßkartoffel-Möhren-Salat mit Rosinen	KH		Bier
Zucchinipüree mit Feta	N		Mineralwasser

Gericht	Gruppe	Beilagen-empfehlung	Getränke-empfehlung
Suppen			
Fischsuppe mit Gemüse (keine Kartoffeln)	E		Wein
Gemüsesuppe mit Reis	KH		Bier
Hühnerbrühe	E		Wein
Joghurtsuppe mit Minze	N		Mineralwasser
Kalte Gurken-Joghurt-Suppe	N		Mineralwasser
Kartoffel-Knoblauch-Suppe	KH		Bier
Spinatsuppe mit Reis	KH		Bier
Eiergerichte			
Omelette mit Feta	E		Wein
Omelette mit Frühlings-zwiebeln	E		Wein
Omelette mit Spinat	E		Wein
Rührei mit Auberginen	E		Wein
Rührei mit Hackfleisch und Tomaten	E		Wein
Tomatenomelette mit Paprikastreifen	E		Wein
Bulgur, Couscous & Reis			
Bulgur mit Auberginen und Halloumi	KH		Bier
Bulgur mit Rosinen und Pinienkernen	KH		Bier
Gemüse-Couscous	KH		Bier
Reis mit Fadennudeln	KH		Bier
Reis mit Nüssen und Rosinen	KH		Bier
Reis mit Spinat und Rosinen	KH		Bier

Gericht	Gruppe	Beilagen-empfehlung	Getränke-empfehlung
Fleisch & Innereien			
Fleischspieße (Shish kebab)	E	Gegrilltes Gemüse	Wein
Gebratene Leber mit Knoblauch	E	Gegrilltes Gemüse	Wein
Gebratene Leber in Zitronensauce	E	Gegrilltes Gemüse	Wein
Gegrillte Lammleber mit Zwiebeln und Paprika	E	Gegrilltes Gemüse	Wein
Hackfleischbällchen in Joghurtsauce	E	Gegrilltes Gemüse	Wein
Hackfleischbällchen in Tomatensauce	E	Gurkensalat	Wein
Hackfleischbällchen in Zwiebelsauce	E	Gurkensalat	Wein
Hackfleischspießchen (Kofta)	E	Gurkensalat	Wein
Kräuterschaf mit Ingwer und Safran	E	Gegrilltes Gemüse	Wein
Lamm mit grünen Bohnen und Tomaten	E		Wein
Lamm mit Zucchini und Joghurt	E		Wein
Lammkoteletts mit Auberinen und Tomaten	E	Gegrilltes Gemüse	Wein
Leberspießchen mit Frühlingszwiebeln	E		Wein
Rindfleisch mit grünen Bohnen und Tomaten	E	Gegrilltes Gemüse	Wein
Rinderleber mit Kräutern	E	Gegrilltes Gemüse	Wein
Rinderzunge in roter Sauce	E		Wein

Gericht	Gruppe	Beilagen-empfehlung	Getränke-empfehlung
Geflügel & Wildgeflügel			
Ente mit Spinatfüllung	E		Wein
Gebratene Hühnerbrust mit Gemüse	E	Salat	Wein
Gegrilltes Huhn	E	Salat	Wein
Huhn in Tomatensauce	E		Wein
Huhn mit Artischocken-Kräuter-Füllung	E		Wein
Huhn mit Knoblauch	E	Salat	Wein
Huhn mit Kreuzkümmel und Petersilie	E	Salat	Wein
Huhn mit Mandeln und Zwiebeln	E	Salat	Wein
Huhn mit Oliven und Zitronen	E	Salat	Wein
Rebhuhn in Zitronensauce	E	Salat	Wein
Tauben mit Hackfleischfüllung	E	Salat	Wein
Tauben mit Zitronensaft und Petersilie	E		Wein
Fisch & Meeresfrüchte			
Barsch oder Dorade mit Tahinsauce	E	Salat	Wein
Calamari in Kümmelsauce	E	Salat	Wein
Fisch mit Tomaten und Zwiebeln	E		Wein
Garnelen in Knoblauch-Paprika-Sauce	E		Wein
Garnelenspieße mit Kreuzkümmelöl	E	Salat	Wein

Gericht	Gruppe	Beilagen-empfehlung	Getränke-empfehlung
Gebratene Sardinen	E	Salat	Wein
Gefüllte Fische	E		Wein
Gegrillter Fisch	E	Salat	Wein
Goldbrasse mit Tomaten-füllung	E		Wein
Marinierter Fisch	E	Salat	Wein
Rochenflügel mit Kreuz-kümmel	E	Salat	Wein
Rotbarbe in Tomaten-sauce	E		Wein
Tunfisch mit Tomaten-sauce	E		Wein
Tagine-Gerichte			
Fisch-Tagine mit Gemüse	E		Wein
Gemüse-Tagine (ohne Fleisch oder Fisch)	N		Mineralwasser
Gemüse-Tagine mit Fleisch	E		Wein
Grüne Bohnen-Tomaten-Tagine mit Fleisch	E		Wein
Kürbis-Tagine mit Fleisch	E		Wein
Okraschoten-Tomaten-Tagine mit Fleisch	E		Wein
Süßkartoffel-Tagine (ohne Fleisch)	KH		Bier
Zwiebel-Tagine mit Fleisch	E		Wein
Desserts			
Dattelrauten	KH		Espresso
Gefüllte Datteln	KH		Mineralwasser
Reispudding	KH		Espresso
Rosenpudding	KH		Espresso

Fastfood und Trennkost

Fastfood und Trennkost passen eigentlich grundsätzlich nicht zusammen. Wenn Sie aber trotzdem gezwungen sind, sich hin und wieder auf die Schnelle zu ernähren, sollten Sie bestimmte Gerichte »ohne« essen beziehungsweise eine andere Beilage wählen. Was Sie dazu essen dürfen, finden Sie in der Spalte Beilagenempfehlung. Ganz wichtig:

- Wenn Sie zu neutralen Gerichten Brot essen, zählen sie zur Kohlenhydratgruppe. Beispiel: Salat mit Joghurtdressing ist neutral, mit Brot oder Brötchen wird er kohlenhydratreich.
- Als Getränke bieten sich Mineralwasser ohne Kohlensäure und Früchtetee an.

Gericht	Gruppe	Beilagen-empfehlung	Ohne
1 saftiger Apfel	E		
1 Bagel mit Frischkäse und Räucherlachs	KH		
1 Bagel mit rohem Schinken und Rahmgouda	KH	Tomaten	
1 Banane	KH		
1 Birne	E		
1 Blueberry Muffin	KH		
1 Croissant mit rohem Schinken oder Salami und Pyrenäenkäse	KH	Tomaten	
1 Currywurst (Rind)	E	Gemischter Salat	Brötchen
250 g Erdbeeren	E		
1 Fischfrikadelle	E	Gemischter Salat	Brötchen, Panade
1 Fleischfrikadelle (Rinderhackfleisch)	E	Gemischter Salat	Brötchen
1 Folienkartoffel mit Kräuterquark	KH	Gemischter Salat	

Gericht	Gruppe	Beilagenempfehlung	Ohne
1/2 gegrilltes Hähnchen	E	Gemischter Salat	Pommes frites
1 Laugenbrezel mit Butter	KH	1 Ecke Camembert oder Allgäuer Emmentaler	
1 Paar Wiener Würstchen	E	Gemischter Salat	
1 Portion gemischtes Beerenobst	E		
1 Portion gebackener Leberkäse	E	Gemischter Salat	Brötchen
1 Portion Chicken Nuggets	E	Gemischter Salat	Pommes frites, Panade
1 Portion Chicken Wings	E	Gemischter Salat	Pommes frites
1 Portion Salat mit Joghurtdressing	N	Sonnenblumenkerne	
1 Portion Gyros mit Tsatsiki	E	Gemischter Salat	Fladenbrot
1 Portion Tatar mit Eigelb und Zwiebeln	N	Gemischter Salat	
1 Spalte Wassermelone	N		
1 Stück Pizza mit rohem Schinken und Mozzarella	KH	Gemischter Salat	Tomaten
1 Vollkornbrötchen mit Butter und Appenzeller, Roquefort oder Allgäuer Emmentaler	KH	Tomaten	
1 Vollkornbrötchen mit Butter und rohem Schinken oder Salami	KH	Tomaten	
1 Vollkornbrötchen mit Räucherlachs und Sahne-Meerrettich	KH		

Bücher, die weiterhelfen

Deutsche Forschungsanstalt für Lebensmittelchemie:
Der kleine »Souci Fachmann Kraut«,
Wissenschaftliche Verlagsgesellschaft mbH, Stuttgart

Elmadfa, Prof. Dr. I.; Aign, W.; Muskat, Prof. Dr. E;
Fritzsche, Dipl. oec. troph., D.:
Die große GU Nährwert-Kalorien-Tabelle,
Gräfe und Unzer Verlag, München

Fröleke, Prof. Dr. H.:
Kleine Nährwerttabelle der Deutschen Gesellschaft für Ernährung e. V., Umschau Verlag, Frankfurt

Summ, Ursula: *Meine neue Trennkost-Diät*,
Gräfe und Unzer Verlag, München

Summ, Ursula: *Mein neues Trennkost-Kochbuch*,
Gräfe und Unzer Verlag, München

Impressum

Projektleitung: Tanja Dusy
Recherche und Mitarbeit am Text: Heike Knophius
Lektorat: Dipl. oec. troph. Maryna Zimdars
Umschlaggestaltung: Independent Medien Design
Herstellung: Petra Roth
Innenlayout und Satz: Knipping Werbung GmH, München
Bildnachweis: Michael Brauner, Karlsruhe: Cover, U4 rechts; Teubner Foodfoto: U4 links und Mitte
Syndication: www.jalag-syndication.de
Autorenfoto: Gaby Gerster
Reproduktion: Repro Ludwig, Zell am See
Druck: Appl, Wemding
Bindung: Auer, Donauwörth
ISBN 978-3-7742-6072-6
9. Auflage 2010

Weitere Informationen und kostenloses Infomaterial erhalten Sie bei:

Trennkost Club
Ursula Summ
Buzon N° 356
Calle Patricio Ferrandiz 40
E-03700 Denia/Alicante
Spanien
Telefon: +34/96/642 11 20
Telefax: +34/96/578 47 15
Internet: www.trennkost.de
E-Mail: trennkost.summ@teleline.es

GRÄFE UND UNZER

Ein Unternehmen der
GANSKE VERLAGSGRUPPE

Unsere Garantie

Alle Informationen in diesem Ratgeber sind sorgfältig und gewissenhaft geprüft. Sollte dennoch einmal ein Fehler enthalten sein, schicken Sie uns das Buch mit dem entsprechenden Hinweis an unseren Leserservice zurück. Wir tauschen Ihnen den GU-Ratgeber gegen einen anderen zum gleichen oder ähnlichen Thema um.

Liebe Leserin und lieber Leser,

wir freuen uns, dass Sie sich für ein GU-Buch entschieden haben. Mit Ihrem Kauf setzen Sie auf die Qualität, Kompetenz und Aktualität unserer Ratgeber. Dafür sagen wir Danke! Wir wollen als führender Ratgeberverlag noch besser werden. Daher ist uns Ihre Meinung wichtig. Bitte senden Sie uns Ihre Anregungen, Ihre Kritik oder Ihr Lob zu unseren Büchern. Haben Sie Fragen oder benötigen Sie weiteren Rat zum Thema? Wir freuen uns auf Ihre Nachricht!

Wir sind für Sie da!
Montag – Donnerstag: 8.00 – 18.00 Uhr;
Freitag: 8.00 – 16.00 Uhr
Tel.: 0180-5 00 50 54*
Fax: 0180-5 01 20 54*
E-Mail:
leserservice@graefe-und-unzer.de

*(0,14 €/Min. aus dem dt. Festnetz/ Mobilfunkpreise können abweichen.)

P.S.: Wollen Sie noch mehr Aktuelles von GU wissen, dann abonnieren Sie doch unseren kostenlosen GU-Online-Newsletter und/oder unsere kostenlosen Kundenmagazine.

GRÄFE UND UNZER VERLAG
Leserservice
Postfach 86 03 13
81630 München